Quand demain les artisans …

Du même auteur

Pour le BIT

- **Historique d'une décennie d'appui au secteur informel du Mali**, avec Souleymane Sarr, préface de Carlos Maldonado
  S INF A-6 1994 ;

- **Pour un système intégré de formation dans le secteur artisanal :** Le cas du Sénégal. Avec l'Équipe consultative multidisciplinaire pour l'Afrique sahélienne.
  OIT EMAS 1998.

Publications personnelles

- **La vie improbable de Julien des Faunes**, roman/récit
  The Book Édition, 2019, nouvelle édition, 2023

- **Le b'hasard des coïncidences** : récit/témoignage.
  Incursion dans le monde des micros-entrepreneurs d'Afrique de l'Ouest
  BOD 2022

Eric Silvestre

Quand demain les artisans …
Le secteur de la micro-entreprise en Afrique de l'Ouest

TÉMOIGNAGE

© 2024 Eric Silvestre

Édition : BoD • Books on Demand GmbH, In de Tarpen 42, 22848 Norderstedt (Allemagne)

Impression : Libri Plureos GmbH, Friedensallee 273, 22763 Hamburg (Allemagne)

Illustration : Photo couverture : Eric Silvestre
4ième de couverture : Jack Burlot

ISBN : 978-2-3224-9596-2
Dépôt légal : Septembre 2024

À celles et ceux qui m'ont accompagné dans mon parcours professionnel
et sur les routes de l'expatriation :
Mes amis : *Boubacar Djibo Harouna, Boubé Bagnou, Camille Virot, Christian Bourgeois, François-Georges Barbier Wiesser, François Lecuyer, Grégoire Detœuf, Laurence Guigou, Laurent Sawadogo, Michel Didier Laurent, Vatché Papazian, Yves Guémard.*
Mes anciens collègues d'Enda : *Amadou Diallo, Anne Reynebeau, Emmanuel Dione, Fabrizio Terenzio, Huguette Lassort, Maam Laity Diouf, Youba Sokona*
Mes anciens collègues du BIT : *Adlen Garidi, Alexandra Da Cruz, Amani, Ana Andrade, André Bogui, Assitan Traoré, Boubacar Amani (Ganda), Brahim ould Ndah, Caroline Kane, Carlos Maldonado, Castro Almeida, Cheikh Badiane, Constance Lopez,*
Cyr Davodoun, Dame Diop, Dinastela Curado, Dieudonné Nahimana, Djibril Coulibaly, Dramane Haidara, Evelyne Messanh, Fatim Ndiaye, Federico Barroeta, Floriane Leutzinger, François Murangira, François Nannaba, François Ramseyer, Hamou Haïdara, Hans Roeske, Jacques Gaude, Jean Claude Woillet, Katy Ndong, Keith Van de Ree, Lawali Babale, Luc Vandeweerd, Luigi Spinato, Marc Franck, Mohamed Ali ould Sidi, Mpenga Kabundi,
Noël Diallo, Ntéba Soumano, Olivier Lompo, Oumar Coulibaly, Paolo Barcia, René Daugé, Rachid Moussa, Roberto Pes, Sandro Mazzetti, Souleymane Sarr, Sylvain Senghor,
*Les Formateurs et Maîtres formateurs GERME
et mes amis artisans et micro-entrepreneurs*

Et ceux qui nous ont quittés : André Delluc, Babacar Niang, Francisco Monteiro, Gerald Belkin, Hamadou Konaté, Jacques Bugnicourt, Marielle Silvestre, Papa Kane, Simon Goldberg, Yakouba Coulibaly, Patrick de Lalande, Patrick Scalbert, Emmanuel Cissé

....

À mes familles première et plurielle :
Ma mère centenaire, mes sœur et beau-frère,
Mes fils et filleuls,
Mes petits fils et petites filles
Mes neveux, nièces, petits neveux et nièces

Quelques repères

1. A propos des petites entreprises

Les Petites et Moyennes Entreprises (PME) qui composent la grande majorité des entreprises sénégalaises (99,8% des unités recensées en 2016), constituent un levier de lutte contre la pauvreté, un facteur de croissance économique avéré et un tremplin vers l'émergence économique. Les PME ont donc un rôle majeur à jouer dans la transformation structurelle de l'économie qui constitue l'axe 1 du Plan Sénégal Émergent (PSE) qui est la politique économique et sociale définie par les Autorités pour conduire le pays vers l'émergence à l'horizon 2035. (*Ministère de l'Économie, des finances et du plan, Agence nationale de la statistique et du plan : Evaluation de la contribution des PME au Produit Intérieur Brut (PIB), à l'emploi, et au commerce extérieur*)

2. Le concept de développement revêt de multiples facettes dont il est difficile de donner une définition précise. En voici quelques-unes :

- Un pays est dit développé si certains aspects de ses structures économiques et sociales affichent des niveaux satisfaisants, d'où la notion du bien-être qui mène vers une première définition du développement qui désigne le degré de satisfaction des besoins jugés prioritaires par la population. Le développement est un concept qui décrit la dynamique du changement qualitatif d'une société ; tant que ce changement s'achemine vers le mieux, la société tend à se développer, et inversement. (*Économie et gestion, destiné aux étudiants*)

- Lorsque le concept de développement est appliqué à une communauté humaine, il désigne alors le progrès du point de vue économique, social, culturel ou politique. (*Le Dico des définitions*)

3. L'aide au développement désigne une action volontaire par un acteur extérieur pour impulser le développement d'un pays tiers (en développement). Elle va généralement des pays développés vers les pays en développement, en particulier les pays les moins avancés, elle est internationale. Le donateur peut être constitué d'un pays ou d'une entité publique ou privée d'un pays ou d'un groupe de pays par l'intermédiaire d'une organisation internationale. L'aide peut cependant venir d'une entité interne au pays même.

4. Le Projet de développement est un cadre de mise en œuvre de l'aide au développement. Dans le langage du *Système des Nations Unies* (SNU), il peut être expliqué comme suit : en premier lieu, il faut qu'un *Etat* demande une assistance technique et financière pour un besoin précis. Il exprime un besoin et cherche le second partenaire, dans le cas présent une *agence spécialisée des Nations Unies* pour mobiliser des compétences techniques dans le but de renforcer l'institution concernée. Ces nouveaux apports techniques sont proposés par l'agence du SNU selon ses compétences. Le troisième partenaire est le *bailleur de fonds*, qui prend en charge les couts de gestion (salaires et charges salariales des compétences techniques mobilisées pour son exécution : experts internationaux ou nationaux avec des contrats annuels, ou collaborateurs extérieurs et consultants avec des contrats de courte durée) et de fonctionnement et exécution (apports matériels, équipements, documentation, fournitures, formations). Les sources de financement peuvent provenir du SNU lui-même (via le *PNUD : Programme des Nations Unies pour le Développement*, notamment), de *l'Union Européenne*, sous forme de subventions, ou de la *Banque Mondiale*, via des prêts remboursables à des taux faibles. Il y a aussi des aides financières dites *bilatérales* venant d'*Etats donateurs*, lesquels imposent parfois leur propre assistance technique, voire l'achat des intrants chez eux. Un Projet des Nations Unies est toujours d'une durée limitée, généralement moins de 5 ans. Il peut être reconduit après une évaluation tripartite effectuée par les partenaires.

Préface

Peu avant de quitter le Bureau international du travail (BIT) où il venait de passer vingt ans, et de prendre sa retraite, Eric Silvestre proposa d'effectuer un travail de capitalisation des acquis et expériences des deux décennies d'appui au développement de la micro-entreprise et à l'insertion des jeunes pendant lesquelles il s'impliqua directement, à travers les Projets du BIT dont il fut le CTP, ou en tant que consultant.

Son intention était de rédiger un mode d'emploi des stratégies retenues et appliquées lors de la mise en œuvre des appuis, au regard de certaines méthodologies spécifiques élaborées par le BIT. Pour ce faire, il prévoyait de collaborer avec quelques collègues proches, béninois, burkinabè, cap-verdiens, français, maliens, mauritaniens, nigériens, suisses, sénégalais, et de tenter d'effectuer un travail aussi exhaustif que possible.

Sa proposition fut entendue et les encouragements ne manquèrent pas mais son projet ne fut pas mis en œuvre. C'est dommage, tant il est vrai qu'un tel travail, à chaud, aurait permis de coucher sur le papier nombre de réflexions, d'analyses, de commentaires, de critiques constructives, et de pistes à développer. Toutefois, selon le vieil adage qui dit que *la culture, c'est ce qui reste quand on a tout oublié*, et parce qu'Eric Silvestre fut un passionné dans son travail, je ne doute pas que le meilleur de son expérience du terrain lui reste en mémoire.

Cela nous a semblé suffisant pour lui demander, près de dix ans après son départ, de revenir sur ses vingt années au sein de notre Maison, de chercher dans ses souvenirs ceux qui l'ont le plus marqué, ceux qu'il a envie de transmettre, avec le recul, aux femmes et aux hommes qui étudient le passé récent du monde du développement, ou qui se sont engagés ou s'engageront sur ses traces.

Le présent ouvrage témoigne de cette expérience passionnante qui l'a conduit à vivre dans cinq pays où il a occupé des postes de conseiller technique et à séjourner dans une vingtaine d'autres où il a effectué des missions pour le BIT et d'autres partenaires.

Ce livre illustre également la générosité d'un praticien du développement qui a tenu à partager la somme de connaissances et d'expériences accumulées au cours de plus de deux décennies de praxis[1] dans le secteur de l'artisanat et d'interactions, tant avec les institutions nationales publiques et privées en charge du développement, qu'avec les opérateurs et opératrices du secteur de la micro et petite entreprise, jeunes femmes et hommes en apprentissage, en formation professionnelle ou en quête d'insertion. Il apporte dans cet ouvrage un éclairage technique personnel sur neuf grands thèmes qui l'ont occupé et passionné pendant son parcours professionnel, et nous livre quelques éléments d'analyse des différentes problématiques en jeu qui, à nos yeux, restent d'actualité et pourront être utiles, demain, lors de la mise en œuvre des prochains Projets de développement.

---

[1] Manière générique de penser la transformation du milieu naturel et des rapports sociaux (Wikipédia).

Son témoignage éclaire le lecteur sur le monde méconnu de la Coopération et du Développement, dont il opère une relecture lors de ses conversations avec Guillaume, son interlocuteur, et avec divers collègues. Une relecture plus humaine que strictement technique ou politique, ponctuée par des anecdotes sur la vie de Chef de Projet et de consultant, avec ses aléas heureux ou malheureux qui constituent le quotidien de la vie dans l'univers du Développement. En Afrique de l'Ouest, beaucoup, mais aussi au Vietnam, au Rwanda, en Tunisie et en Haïti.

Ce livre permettra, je l'espère, aux jeunes qui s'engageront demain sur les chemins du Développement international en général, et du secteur de la micro-entreprise, en particulier, d'avoir à l'esprit quelques repères et idées utiles pour leur gouverne. De même qu'une meilleure appréhension de cet univers très particulier, en vue de son appropriation.

Eric Silvestre a conservé quelques réflexions ou phrases prononcées par ses interlocuteurs, jeunes et moins jeunes, ou écrites par des collègues, qui illustrent mieux que mille discours, certaines problématiques. Les unes, prononcées par de jeunes artisans ou des patrons, d'autres par des consultants, experts ou cadres du BIT.

Pour finir, c'est sans aucun doute la recommandation de *Jean Claude Woillet*, un collaborateur majeur du BIT fin connaisseur des arcanes de la coopération au Développement, portée dans le rapport d'évaluation du Projet de Ouagadougou dont Eric Silvestre était le responsable, qui explique le mieux sa démarche d'écriture :

« Le surcoût de l'expertise internationale doit être compensé par une production intellectuelle qui permette de capitaliser et reproduire les expériences menées. »

Cette recommandation, je l'ai constaté par la suite, l'a poussé à rédiger de nombreux documents techniques et à produire des rapports d'activités et de mission qui ont fait date, riches de commentaires sur la méthode, quand il était en poste dans des Projets du BIT.

Ses rapports, comme certains documents de Projets qu'il écrivit ou contribua à écrire, ont souvent constitué des mines d'informations, car il était généreux dans sa rédaction et n'hésitait pas à donner des indications sur la mise en œuvre à venir des activités.

C'est dire combien cette œuvre est un précieux legs aussi bien pour la génération actuelle de jeunes experts engagés dans la voie de la Coopération au Développement que pour les praticiens expérimentés et établis qui ne manqueront d'y trouver des sources d'inspiration et autres pistes fécondes de solutions aux problématiques toujours actuelles que charrie la mise en œuvre des Projets de développement.

Cette contribution élaborée avec passion et dans un réel esprit de partage illustre parfaitement la nature singulière d'un expert d'une rare compétence et d'une infinie générosité.

Cheikh Badiane
(Ancien fonctionnaire international du BIT)

Genèse du livre

Écrire un livre n'est pas une aventure ordinaire, et s'il en est un qui n'était pas prédisposé à le faire, c'est bien moi. Et pourtant je l'ai fait. Je me suis fait la main en rédigeant les rapports d'activités et de missions pour le BIT et d'autres organismes de Coopération. J'ai rapidement compris la vocation de mes rapports à terminer leur parcours dans les tiroirs desdites organisations, et j'ai rapidement fait le choix de les humaniser, en y glissant des éléments qui permettent de comprendre comment on s'y est pris, pourquoi ça a bien ou mal marché. Il m'est arrivé plusieurs fois de rédiger deux rapports : un premier pour les tiroirs, et un second avec des *commentaires sur la méthode* qui ne manquerait pas, je l'espérais, d'intéresser certains collègues. C'est donc de la rédaction de rapports d'activités ou de missions qu'est née ma modeste vocation d'écrivain, après quoi mon désir de témoigner de mes expériences professionnelles, assez atypiques, mais potentiellement utiles, a pris forme.

Le public visé dans ce livre est celui des professionnels, des étudiants, des chercheurs, et de celles et ceux qui souhaitent s'engager dans le Développement avec des idées plus claires sur les enjeux et les problématiques qui sous-tendent la coopération et le Développement, en termes de stratégies, de méthodologies, de partenariat entre les acteurs, d'attentes et de réactions des bénéficiaires. Ce, à travers la restitution d'une expérience forte et sincère.

C'est aussi celui des lecteurs que la vie outre-mer intrigue, celles et ceux qui souhaitent mieux connaître l'univers dans lequel travaillent ces drôles d'individus que l'on appelle coopérants, conseillers techniques ou consultants, dont les parcours se nourrissent d'expériences professionnelles diverses, s'enrichissent de compétences multiples, et n'en sont pas moins ponctués par des évènements improbables.

Mon propre parcours est fait d'une multitude d'emplois et ma carrière s'articule autour de deux périodes aussi distinctes que disparates. La période qui précéda mon entrée dans une vie active que je qualifierais de normale, dura vingt ans.

C'est celle du *soixantedisard* en rupture avec un milieu socioculturel pesant, soucieux de justice sociale, intéressé par la découverte des autres. Un *héritier de 68* qui, après avoir fait des études d'ingénieur, décida de partir en Afrique puis, à son retour en France, de s'installer à la campagne comme menuisier.

Vingt années à l'affût des *hasards et des coïncidences*[2] que j'ai saisis, pour, au bout du compte, me construire un parcours assez improbable mais qui m'a permis d'acquérir des compétences dont je me suis servi par la suite dans les postes que j'ai occupés. Guillaume, mon interlocuteur dans ce livre, comprit dès nos premières discussions que ces décennies 70 et 80 furent riches d'activités aussi passionnantes que variées, ce, dans des domaines parfois assez éloignés de mes compétences premières (le bâtiment). J'ai travaillé dans les secteurs privé et associatif, j'y ai gagné ma vie de façon très irrégulière, avec des périodes confortables et d'autres de *vaches maigres*, voire de chômage.

---

[2] Titre du deuxième livre de l'auteur : *Le B'hasard des coïncidences*. BOD 2022

Je les ai mises à profit pour effectuer des reconversions professionnelles. J'ai traversé quatre fois le Sahara et y ai réalisé un film, j'ai exercé différents métiers, dans le bâtiment, au Cameroun et en Mauritanie, puis dans la décoration et la capture d'animaux sauvages, au Cameroun, la menuiserie, la restauration de maisons anciennes, l'animation de stages, la cuisine, le management et la production d'artistes, la photographie, l'audiovisuel. À ce titre, j'ai réalisé plusieurs documentaires, dont un premier qui m'ouvrit les yeux sur le monde de l'*apprentissage*, et un dernier, sur la *microfinance*. Au bout du compte, il s'avéra que les expériences vécues et les compétences acquises pendant cette période constituèrent le terreau de ma carrière professionnelle à venir.

Ce n'est qu'à 40 ans que j'ai commencé à travailler comme tout le monde, avec des journées de huit heures, des congés payés, une protection sociale en bonne et due forme, et au bout du compte, une retraite décente. L'évènement majeur qui marqua la rupture entre ces deux époques fut mon entrée dans le *Système des Nations Unies*, au BIT, où je devins Conseiller technique principal d'un Projet.

Mon expérience tend à démontrer qu'être conseiller technique dans le secteur du Développement n'est pas un métier en soi, dans lequel on entre au sortir d'études supérieures, mais plus par le biais des compétences acquises sur le terrain. Mes choix de postes furent pour beaucoup, je l'ai dit, le fruit de *hasards et de coïncidences*. Des choix opérés consciemment, tant du point de vue des emplois qui me furent proposés que des pays où je dû séjourner. Pour le plaisir, toujours, et souvent du fait de mes bonnes relations avec les personnes que j'allais retrouver dans le travail. J'ai refusé des postes lucratifs que je ne sentais pas, malgré le confort qu'ils m'auraient apporté.

J'ai fait un jour le choix de partir dans un pays où je n'avais plus de raison d'aller, tant il était situé au fin fond du Sahel. La logique, à cette époque, était plutôt de commencer par ce type de pays, lointain et enclavé, et de terminer par le Sénégal ou la Côte d'Ivoire. J'y suis parti par intérêt financier, je l'avoue, en quête des points de retraite qui me manquaient, mais pour finir, ce fut ma plus belle aventure professionnelle et de vie d'expatrié.

Mon parcours dans le *Système des Nations Unies* fut quelque peu hors normes, on le comprendra à la lecture de ce livre. J'y fus, tant du point de vue de ma personnalité que de ma démarche, un fonctionnaire atypique. Mais apprécié, semble-t-il, au point de m'être vu confier plusieurs postes de Chef de Projet et des dizaines de missions de consultant, même après mon départ à la retraite, bien qu'ayant démissionné de mon dernier poste.

Je suis resté fidèle à l'esprit de ma démarche. J'ai toujours eu pour principe de me baser sur l'observation et l'analyse du terrain, et sur les expériences intéressantes acquises ailleurs, dans des contextes similaires, qui restent à contextualiser et à adapter à la réalité des pays concernés, plutôt que sur les idées préconçues et les stratégies importées. J'ai toujours cherché à adopter des approches pertinentes qui permettent de procéder en connaissance de cause, au plus près des réalités, sans se fonder sur des a priori et des solutions *copiées-collées*. Mieux valait, à mes yeux, scruter le milieu dans lequel j'allais évoluer, écouter les gens, leur parler, observer leurs modes et méthodes de travail, comprendre *comment ça marche* et, le cas échéant, *pourquoi ça ne marche pas*. J'ai essayé de mener des actions fondées sur ces préalables, quitte à sortir des chemins tracés et à opter pour des stratégies novatrices.

J'établis volontiers un parallèle entre les *parcours d'insertion* des jeunes en quête d'emploi et nos *parcours professionnels* d'acteurs du Développement que nous déroulons au fil des étapes de notre vie, de nos expériences et de nos acquis de terrain.

Les responsables locaux des pays où l'on travaille revendiquent souvent des différences et spécificités vis-à-vis des pays voisins, alors que cela n'est pas toujours vrai. À bien y regarder, les études menées en amont des Projets montrent que les comportements des individus au sein de groupes sociaux similaires sont globalement assez proches d'un pays à l'autre. Il faut procéder par étapes, aller à la rencontre des petits producteurs, mettre les pieds dans la boue, accepter de boire un thé ensemble ou manger sur la natte, se frotter aux atmosphères chaudes et parfois un peu grasses, prendre le temps, ne pas se presser, attendre, laisser venir les petites phrases qui donnent les clefs. Il faut transformer son expérience en *éléments de compétence*, jusqu'à disposer d'une compétence plurielle qui confère à notre propre individualité son originalité, sa force, et sa capacité à apporter des plus-values aux postes que l'on occupe. La valeur d'un Chef de Projet ou d'un consultant relève beaucoup plus de ses acquis du terrain que des diplômes reçus dans les écoles.

Il est un autre élément de compétence à prendre en compte chez le futur conseiller technique, et plus encore le Chef de Projet : son *savoir être*, sa capacité à travailler avec ses homologues, à croiser ses connaissances avec les leurs, à faire preuve d'abnégation, à puiser dans les compétences de l'autre celles qui peuvent le renforcer. Il y va de sa vie professionnelle, de sa réussite, et plus encore de l'efficacité du Projet dont il a la charge, et des synergies développées entre partenaires.

Le livre que vous avez entre les mains, contrairement au précédent, laisse de côté les aventures de la vie d'expatrié et se concentre sur le champ d'intervention du conseiller technique, non sans rapporter quelques anecdotes liées aux aléas du métier, car, on a trop tendance à l'oublier : être consultant *n'est pas un long fleuve tranquille*.

J'avais dans l'idée, au sortir de mes vingt années de BIT, d'effectuer une capitalisation des acquis et expériences, au regard des stratégies et méthodologies, mais les promesses reçues n'ont pas été suivies de faits. C'est donc dans ce livre que, dix ans plus tard, je m'attaque à l'exercice. J'essaie de restituer ce qui me reste en tête, et dans le cœur, de ce que j'ai vécu, tant du point de vue du travail que des imprévus qui en ponctuent le quotidien. Je fais cette capitalisation partielle et tardive pour celles et ceux qui partiront demain et pensent que l'expérience de leurs prédécesseurs peut leur être utile, que leurs réussites, échecs et erreurs comptent, qu'il n'est pas d'action aujourd'hui qui ne peut faire l'économie de celles qui ont été menées précédemment. J'ai oublié beaucoup de choses, le lecteur peut l'imaginer, mais il en reste assez pour permettre à ce livre de jouer le rôle à lui imparti.

J'ai moi-même profité de l'expérience de mes prédécesseurs, et, on le verra, de quelques phrases clefs, essentielles à mes yeux, qui en disent plus que bien des discours. J'ai donné la priorité à l'observation du terrain, en privilégiant les relations Sud Sud. J'ai cherché, autant que faire se put, à croiser les expériences, échanger les documents pédagogiques, faire se rencontrer les acteurs, micros-entrepreneurs, artisans, mais aussi mes collègues conseillers techniques, chefs de Projets, agents des directions techniques concernées.

Je me suis battu pour rassembler autour d'un même Projet conjoint plusieurs Agences du Système des Nations Unies, non sans difficulté, ni sans prendre des coups inattendus ! Mais le jeu en valait la chandelle.

J'espère que ce livre ira dans le même sens.

Guillaume y sera mon principal interlocuteur. C'est un jeune architecte que je pourrais avoir rencontré à Pushkar dans une librairie, à l'occasion d'un voyage en Inde[3]. Le but de nos discussions est de rendre compte de mon parcours professionnel dans le monde du Développement, en général, et dans celui des petits producteurs, en particulier, on l'aura compris, et d'en montrer l'impact sur le Développement.

Eric Silvestre

---

[3] C'est tout au moins comme cela qu'il est présenté dans mon livre : « *La vie improbable de Julien des Faunes* ». The Book Edition, Nouvelle édition, 2023

Les thèmes du livre

Tout ce qui suit est le fruit de trente et quelques années dans le monde du Développement, en général, et de la petite entreprise, en particulier. Principalement en Afrique de l'Ouest. Ce livre est d'une certaine façon le fruit d'un *carambolage* entre des idées et des expériences, des savoirs et des savoir-faire, des théories et des pratiques, et, pour entrer pleinement dans le sujet, des Projets de développement et des Documents de projet, des Coopération bilatérales et multilatérales, des organisation internationales et non gouvernementales (ONG), des rapports d'activité et de mission, l'élaboration et l'exécution de Projets, des pays et des continents, l'emploi salarié et l'auto-emploi, la vie professionnelle et celle d'expatrié, des diplômes et l'expérience de terrain. Des *hasards et des coïncidence* aussi. Le long d'un parcours professionnel qu'aucun plan de carrière n'a jamais sous-tendu.

Pour faciliter la lecture de ce livre, je propose de commencer par une sous table des matières avec la liste des neuf thèmes qui en constituent l'ossature centrale, et par-là, neuf portes d'entrée, selon l'intérêt que le lecteur porte à chacun d'entre eux.

Thème 1 : L'organisation du secteur artisanal	37
Thème 2 : Les espaces de travail	66
Thème 3 : Les chambres de métiers	81
Thème 4 : Le renforcement de l'apprentissage	93
Thème 5 : La micro finance au service des artisans	132

Thème 6 : Les maîtres du feu	143
Thème 7 : Politique de formation professionnelle	155
Thème 8 : Création et gestion d'entreprises	188
Thème 9 : L'insertion des jeunes	197

Plus quelques principes, en introduction, trois sujets liés aux Projets, au travail de conseiller ou consultant, et aux missions, et pour finir, un *diagnostic médical* sur ma sortie du Système, et un clap de fin.

« L'intelligence n'est pas ce que l'on sait, mais ce que l'on fait quand on ne sait pas » (Jean Piaget). Cette citation que propose *Etienne Klein* dans son livre « *Courts circuits*[4] » apporte de l'eau à mon moulin au moment d'écrire que l'intérêt du témoignage réside non pas dans la seule abstraction, voire dans la description théorique ou scientifique des différentes thématiques, sujettes à des interprétations diverses, voire contestables, mais dans *ce qui a été fait sur le terrain*, avec les moyens du bord, sans certitudes, avec une liberté d'action que n'ont pas tous les acteurs du développement, du fait de leurs hiérarchies parfois rigides ou tatillonnes. Aussi m'a-t-il semblé intéressant et nécessaire, pour ne pas me cantonner dans la seule abstraction, d'évoquer tout ce qui est entré en jeu dans le traitement de ces thématiques : les stratégies d'appui, les méthodologies, les actions menées et les conditions de leur mise en œuvre, les contextes des pays et Projets dans lesquels je travaillais, les attentes et les attitudes des bénéficiaires, les expériences des pays voisins, la personnalité des individus au sein du *machin*[5], ou en d'autres termes les chefs de Projets du SNU.

---

[4] Gallimard 2024
[5] Allusion faite par le Général de Gaulle sur l'ONU

Si des résultats sont indiqués, ils ne sont ni chiffrés ni quantifiés, car mon idée, on l'aura comprise, est plus d'apporter quelques éclairages sur la méthode que de produire un rapport exhaustif sur vingt et quelques années consacrées au secteur de la micro-entreprise.

Les acteurs du carambolage

Ils sont nombreux et il n'est pas utile de tous les citer ici vu que le lecteur les retrouvera entre les lignes du texte qui suit. Il s'agit notamment :

1. Des postes que j'ai occupés : *chef de chantier, réalisateur, chef de projet*.

2. Des entreprises *(Grands travaux de l'Est et Sétuba au Cameroun, Somaco TP en Mauritanie)* ; ONGs *(Enda)* ; organisations privées ou internationales *(BIT, FAO, PNUD, Coopération française, Grand-Duché de Luxembourg, Lux Development, AFD)*, avec lesquelles ou dans lesquelles j'ai travaillé.

3. Des Projets de développement : *Projet BIT/SNS*, au Mali (financé par la Coopération suisse) ; *Projet d'appui aux petits producteurs et productrices de Ouagadougou (Boutique d'appui)* au Burkina Faso, financé par la KFW allemande ; *Projet NIGETECH*, au Niger, financé par l'Union Européenne ; *Programme Régional GERME BIT*, financé par la Suède ; *Programme ISFP*, au Sénégal, financé par le Grand-Duché de Luxembourg.

4. *Les missions de consultation* que j'ai effectuées dans une vingtaine de pays d'Afrique de l'Ouest et du Centre, au Rwanda, en Tunisie et à Haïti.

Il s'agit également de :

5. *Celles et ceux (*collègues du BIT, de l'ONUDI, d'Enda, du PNUD, chefs de Projets, consultants, artisans et bénéficiaires des Projets) ;

6. *Quelques propos et petites phrases* qui comptent.

Donc carambolage, certes, mais géré !

Chapitre 1
Quelques principes et/ou concepts

J'ai oscillé, lors de l'écriture des deux précédents ouvrages, entre fiction et récit, mais cette fois, il n'est question que de rendre compte d'un parcours professionnel et d'un engagement auprès des artisans et petits entrepreneurs que je ne désignerai plus comme acteurs du *secteur informel*, mais du Développement et, de fait, de la croissance de leurs pays. Notamment quand ils sortent des centres de formation professionnelle ou des lycées techniques, comptent parmi l'élite de la jeunesse et constituent le fer de lance du sursaut économique.

- Vous répondez souvent par une pirouette à certaines de mes questions ou réflexions en disant, le sourire aux lèvres, « *Moins cher !* » S'étonne Guillaume. Qu'entendez-vous par là ?

- C'est le cœur du problème. Dans le milieu de la micro-entreprise, la tendance est toujours à tirer le prix vers le bas, donc à acheter *moins cher*, pour le client, et, par obligation, à vendre moins cher, pour le producteur, donc à fabriquer moins bien.

- En quoi cela constitue-t-il un problème, demande Guillaume ?

- Tu as raison de poser cette question. On pourrait ne pas y voir d'ambiguïté, de menace pour le secteur, ou bien dire que c'est la même chose partout ! Pourtant c'est un vrai problème.

Pour la micro-entreprise, cet état de fait engendre une succession de dommages, non pas collatéraux, mais directs. En tirant le prix vers le bas, le client oblige l'artisan à tirer la qualité vers le bas, et la spirale négative s'enclenche.

Vous avez dit émergence

En écho aux politiques actuelles qui prônent la *croissance accélérée* et *l'émergence* du pays, cette situation du *moins cher* tire l'économie vers le bas, vers la stagnation, la survie. Elle doit être combattue.

- Mais d'ailleurs, peut-on *programmer* l'émergence, demande Guillaume ?

- Bonne question, en effet. Pour te dire le fond de ma pensée, je pense que non. Elle se constate mais ne se programme pas. Toutes les politiques économiques sont censées conduire les pays vers la croissance et l'émergence, mais tous n'y vont pas ! Quand l'un d'eux y parvient, alors le monde se réjouit et on parle alors de *pays émergent*.

La question est de savoir ce qui a été fait pour que le pays se trouve en situation d'émergence : Qu'est-ce qui a changé ? Qui a changé de comportement, et qui a fait quoi ? Quand les producteurs et les consommateurs ne s'inscrivent pas dans une spirale ascendante, dans une dynamique de développement palpable, le secteur s'informalise et stagne. On retrouve cette dynamique négative dans bien des situations, et elle se traduit par une absence d'éthique dans la démarche commerciale des vendeurs, de propreté, d'hygiène, de qualité.

Tout cela pour rester *moins cher* et satisfaire le client qui veut *dépenser moins*.

L'émergence se bâtira sur la défense de la qualité des produits, et de leur prix, sur des changements de comportement, sur le respect de l'autre, sur le refus de l'informel dangereux (le *Diola*[6] les taxis pourris). Et pourquoi pas sur la pose de compteurs dans les taxis !

> **Un chemin vers l'émergence**
>
> En interdisant la vente des produits comestibles (légumes, poissons, notamment) par terre, à la merci des éclaboussures et de tout ce que l'on peut imaginer de sale, et en obligeant les vendeurs à les présenter sur des tables, dans les marchés et à des places matérialisées, voire dans des boutiques ou des kiosques, les maires s'inscriraient dans une politique résolument orientée sur le développement et l'émergence, à travers une démarche écologique, protectrice de l'environnement et de la santé de leurs électeurs.
>
> Les vendeurs et leurs clients s'inscriraient dans une dynamique de développement avec à la clef, une bonne gestion de leurs activités, un souci d'hygiène et de qualité des produits proposés aux clients, du travail et des revenus pour les menuisiers qui fabriqueront les tables. Quant aux clients obligés de payer les fruits et légumes un peu plus cher, ils devront travailler un peu plus pour gagner plus, ce qui boostera la croissance économique !

Compétences, expérience, diplômes

- A vous écouter, dit Guillaume, on peut dire que c'est votre expérience de vie et de terrain qui a le plus compté dans la construction de votre profil et dans le choix de votre personne par le BIT.

---

[6] Le bateau qui fit naufrage entre Ziguinchor et Dakar, avec plus de 2000 noyés, et fut reconnu comme un symbole de l'informel par le Président de la République

- Tout à fait. Nous aurons des occasions de parler du mécanisme d'entrée dans la vie active par la bande, pourrais-je dire, ou par le terrain, en d'autres termes. Ce qui fut mon cas, je l'avoue. Il est clair que je n'ai pas construit mon parcours professionnel sur un diplôme, même si j'en avais un en poche, de l'ESTP[7]. Je suis d'ailleurs assez réservé sur la portée de certains diplômes, au regard des compétences annoncées dans leur titre.

J'ai un bon exemple pour illustrer ce point de vue. Au Cameroun, un chef d'entreprise m'a proposé un poste, arguant du fait que mon diplôme me désignait comme l'homme de la situation pour diriger un chantier de bâtiment. En fait il avait tout faux et son attitude illustre bien la fascination qu'exercent les diplômes. Il était persuadé que je maîtrisais les compétences de l'ensemble des matières couvertes par mon diplôme, alors que, comme certains étudiants, j'avais fait l'impasse sur les matières qui ne m'intéressaient pas, notamment la résistance des matériaux et le béton armé. Le directeur aurait été surpris, si j'avais accepté sa proposition, de constater que j'aurais été incapable de faire le moindre calcul de béton armé !

- Cet exemple, répond Guillaume, illustre bien l'ambiguïté de la formation diplômante, notamment quand il y a de nombreuses matières au programme.

Le diplôme est accordé au vu de la moyenne obtenue à l'examen et ne garantit pas, comme vous le démontrez, la maîtrise de l'ensemble des compétences citées dans l'énoncé du diplôme, et attendues des

---

[7] Ecole Spéciale des Travaux Publics Paris

futurs employeurs. Les plus affutés demandent ce que nous avons fait et savons faire, plus que nos diplômes papier.

- Cela dit, je ne conteste pas pour autant la validité des diplômes et des compétences acquises de façon générale, notamment dans les matières que l'on peut qualifier d'exactes. Quand il s'agit de Développement, c'est plus complexe, et je ne vois pas quelle école peut donner les compétences qu'il faut pour intervenir sur le terrain autrement que sur la base d'idées théoriques, généralistes, voire préconçues, qui relèvent souvent du copié-collé et génèrent des situations décalées lors de la mise en œuvre des actions, au regard des réalités du terrain.

Types et modes de formation

- On connaît les types et modes de formation élémentaires, dit alors Guillaume : la *formation initiale*, pour celles et ceux qui n'ont aucun acquis, et la *formation continue*, ou *permanente*, pour celles et ceux qui travaillent et peuvent compléter leurs compétences ou en acquérir de nouvelles, notamment dans le cadre d'une reconversion. Il serait bien, demande Guillaume, d'évoquer à titre préalable, les deux types de formation qui renvoient plus spécifiquement au concept de *compétences* : la *formation diplômante*, et l'*approche par les compétences*.

- C'est une bonne idée, en effet, qui permettra d'éclairer notre lanterne. Essayons d'en faire un bref parallèle simple.

La *formation diplômante* est vieille comme le monde, ou tout au moins, comme les systèmes de formation professionnelle.

Elle valide, ou invalide, à l'issue d'un contrôle, examen écrit ou pratique, une formation globale contenant, dans la grande majorité des cas, plusieurs matières ou unités de valeur.

Si la note obtenue est supérieure à la moyenne, on a le diplôme ! Il est censé certifier que le titulaire maîtrise l'ensemble des compétences liées aux thèmes de la formation. Rien n'est moins sûr !

L'approche par les compétences vise quant à elle à garantir la maîtrise de toutes les compétences liées à un métier, un poste de travail ou un travail précis. Lors des *formations par compétences*, chaque module est dispensé selon une méthode pédagogique, avec un objectif visé, une démarche pour y arriver, et un mécanisme de contrôle d'acquisition/maîtrise de chaque compétence attendue. Elle fait l'objet généralement d'une validation desdites compétences qui donne lieu, le plus souvent, à un *Certificat d'aptitude*, plus qu'un diplôme.

- Est-ce que ces nuances sont bien maîtrisées par les acteurs de la formation professionnelle, demande Guillaume ?

- Oui et non. Disons qu'elle embrouille certains et en amène certains à prendre *l'approche par compétences* pour ce qu'elle n'est pas.

Contrairement à ce que certains pensent, en effet, il s'agit des mêmes compétences dans les deux approches, qui vont permettre de réaliser tel ou tel travail. C'est juste une façon de mettre l'accent sur chacune d'elles et de s'assurer que les bénéficiaires les maîtrisent.

> Lors d'un séminaire sur l'approche par compétence, à Dakar, je me suis trouvé assis, lors du déjeuner, à côté d'une dame qui venait de faire une présentation en séance plénière sur le sujet, pour son ministère. Une présentation qui fit douter certains participants de sa bonne connaissance de la problématique en jeu. La preuve en est qu'elle me laissa entendre, au cours d'une discussion, que selon elle, on ne parlait pas des mêmes compétences que dans la formation diplômante !

Beaucoup ont appréhendé l'*approche par les compétences,* adoptée ces dernières années dans différents pays et considérée comme une révolution dans le SFP[8], en oubliant qu'elle était déjà pratiquée dans certains établissements depuis des années. Et ce, sans tambour ni trompette, ni bailleurs de fonds pour mettre en avant les aspects que, quelques années plus tard, d'aucuns crurent révolutionnaires ! Elle fut introduite par différents partenaires, dont la Belgique, dans les CDRFP du Sénégal, la GTZ[9] dans de multiples situations, via la *formation par objectifs,* et par le BIT dans les modules GERME. Cela me rappelle un séminaire au Sénégal où j'ai fini par dire, en plénière : « *Arrêtons de considérer l'approche par compétences comme une révolution qui ferait table rase du passé !* »

Pour la petite histoire, la mise en œuvre des méthodes pédagogiques propres à cette nouvelle approche par les compétences a souvent généré des incompréhensions, voire des résistances, de la part des formateurs, du fait du manque de maîtrise de la problématique par les responsables du changement eux-mêmes. Elle génère des paradoxes qui feraient presque sourire s'ils ne perturbaient pas autant les formateurs et agents techniques.

L'expérience montre également que l'aura du diplôme reste intacte. Nombre de responsables du SFP n'ont de cesse, à peine adoptée ladite approche, de mettre en place des mécanismes de validation des compétences acquises par des diplômes en bonne et due forme, alors que l'esprit de cette approche est précisément de sortir de la *dictature du diplôme* !

---

[8] Système de Formation Professionnelle.
[9] Devenue depuis lors GIZ.

- Je vais te raconter une petite histoire, Guillaume, qui nous plonge dans ce paradoxe entre diplômes et compétences :

> Mon propre fils est sorti de *l'Ecole hôtelière nationale* de Dakar avec un document officiel en bas duquel, sur la ligne réservée à l'intitulé du diplôme qui validait ses compétences, il était écrit en lettres de trois centimètres de haut, consciencieusement rédigées à la main par un fonctionnaire zélé : NÉANT. Tout simplement parce qu'il était entré à l'école avec le niveau 3ième, sans le sésame du BFEM[10] en poche.
>
> Il avait le niveau et les compétences au même titre que ses promotionnaires, mais il n'avait pas droit au diplôme ! Un comble, si je te dis qu'il travaille aujourd'hui dans les hautes sphères de la gastronomie internationale, collabore avec des chefs étoilés et supervise des écoles hôtelières au Sénégal !

Bailleurs et Coopération

Le rôle des bailleurs de fonds fut longtemps prépondérant dans les choix techniques opérés par les ministères compétents. Il suffisait de savoir qui finançait tel ou tel séminaire pour connaître avant l'heure quelles recommandations en sortiraient !

Notamment sur la désignation de la tutelle de la formation professionnelle. Nul ne cachait[11] ses préférences, la France omniprésente pendant des décennies dans l'éducation nationale n'avait de cesse d'y accrocher la formation professionnelle, l'Allemagne, le BIT, entre

---

[10] Le BFEM en Afrique de l'Ouest équivaut au BEPC, fin de 3e.
[11] J'utilise ici l'imparfait car les choses ont peut-être changé

autres, préféraient la confier aux ministères de l'Emploi ou du Travail. D'autres encore, au ministère de la Jeunesse.

Dans sa dimension Sud-Sud, la coopération s'appuie sur l'expérience de pays voisins, des similitudes de contextes et de comportements, elle permet d'effectuer des comparaisons et des mises en parallèle, et génère, osons le dire, plus de synergies que la coopération Nord Sud.

Cette dernière se définit comme plus savante[12] mais oppose souvent des contextes et des comportements disparates, et de ce fait, génère des résultats artificiels, voire fragiles.

- Quelle définition donneriez-vous de ces concepts de *coopérant* et de *conseiller technique*, demande Guillaume ?

- Selon moi, le *coopérant* travaille pour le ministère de la Coopération de son pays, ce qui l'oblige à suivre et appliquer les directives et les schémas venus d'en haut, et lui enlève une part de sa liberté d'action. Le *conseiller technique* travaille plutôt, de mon point de vue, dans les organisations internationales, et relève plus des échanges entre Projets, donc d'un mode de coopération Sud-Sud, que des consignes venues du siège, au Nord, donc Nord Sud.

- Mais dans les Projets, les conseillers techniques reçoivent quand même des consignes de leurs hiérarchies, demande Guillaume ?

- Oui, bien sûr, mais ces consignes sont nourries du contenu des navettes entre les Projets, donc le terrain au Sud, et le siège des organisations, au Nord, de façon souple et moins unilatérale. Ces navettes facilitent la circulation des idées, enrichies de surcroît par les études,

---

[12] Voir page 149

les analyses des résultats et acquis et les évaluations, avant de redescendre vers les Projets, les bénéficiaires et les gouvernements, notamment au BIT qui est une *organisation tripartite*[13] impliquant ces derniers.

Ce maillage des relations Nord Sud donne lieu à des triangulaires et passerelles entre partenaires des deux bords. On peut dire que ce type de coopération est le propre du système multilatéral. Sa force et sa pluralité d'idées.

- Alors, Éric, *conseiller technique* ou *coopérant*, demande Guillaume ?

- Je n'ai jamais enfilé de costume de *coopérant*, ni été un petit soldat de l'Empire qui aurait reçu ses ordres d'en haut et d'une seule chapelle, comme tu peux l'imaginer. *Conseiller technique*, je préfère.

- Je n'en doutais pas, répond Guillaume, mais j'avais envie de vous l'entendre dire ! Venons-en maintenant aux thèmes annoncés.

---

[13] Patronat, Syndicats et Gouvernements

Chapitre 2
L'organisation du secteur artisanal

Ce premier thème a des allures de chapeau, tant il couvre de sujets. La référence au *secteur artisanal* constitue un juste milieu entre les concepts de *secteur informel*, ou *non structuré*, (pas très encourageants pour les intéressés, mais très en vogue dans les années 70 80), et celui de *micro et petites entreprise*, désormais adopté par la majorité des acteurs. Ce secteur constitue un tout, un état dans l'Etat. Il a une histoire, une dimension sociale, des modes de fonctionnement internes et de solidarité. Avant de poursuivre, il est bon d'en situer le contexte et de donner quelques clefs :

> 1. Le secteur artisanal constitue une entité professionnelle et sociale, dans ce sens qu'il existe des zones spécifiques, des liens entre patrons, apprentis et parents, des similitudes dans l'occupation des espaces et les conditions de travail. L'organisation interne est alors quasi inexistante.
> 2. Le secteur compte des centaines de milliers d'acteurs : patrons, ouvriers, apprentis, dont la formation est incomplète, voire inexistante.
> 3. Elle est acquise pour la grande majorité d'entre eux par observation, au sein du secteur artisanal, et pour d'autres, dans des structures de formation technique et professionnelle publiques ou privées qui ne touchent qu'un nombre restreint de jeunes autant que de filières. Même si la situation évolue dans le bon sens.

> 4. Outre la formation, les acteurs rencontrent des difficultés d'accès aux matières premières, matériel, financement des entreprises (aménagement, équipement), marchés publics, propriété foncière.
> 5. Le marché tire la production vers le bas, car la clientèle ne joue pas la qualité et la durabilité du produit acheté mais son faible coût.
> 6. Le statut d'association souvent utilisé par les groupements d'artisans pose des problèmes, du fait de son caractère non lucratif.

- Racontez-moi comment le BIT vous recruta et vous fit entrer dans le *Système des Nations Unies*[14], demande Guillaume.

❖ A Roussillon, dans le Luberon, chez *Bernard B*[1], un vieil ami.

- Bernard B : « *Si tu veux travailler aux Nations Unies,* m'expliqua-t-il, *il faut y poser ta candidature, sinon on ne viendra pas te chercher ! Envoie ton CV à leurs services en charge du recrutement et tu verras si tu les intéresses ou pas !* »

Je le fis et quelques mois plus tard je reçus du BIT une offre d'emploi pour un poste au Mali. Tout avait commencé à Genève, dans le bureau de *Carlos M*[2], le chef du département *Entreprise*, spécialiste du secteur informel, en présence de *Floriane L*[3], sa collaboratrice, détachée de la Coopération suisse au BIT. Ils faisaient le point sur le récent clash au sein d'un Projet au Mali.

❖ A Genève, au BIT

- Floriane L : « *Il semble que les artisans aient envoyé des dizaines de lettres au directeur de l'emploi tournées contre le CTP*[15] *du Projet.* »

---

[14] SNU
[15] Conseiller Technique Principal (Chef de Projet).

- Carlos M : « *En fait, je pense que c'est un coup monté par le directeur de l'emploi car il n'a pas apprécié la mise au point que j'ai faite lors de ma dernière mission. Quoi qu'il en soit, nous n'avons plus personne sur le Projet et il nous faut rapidement trouver un CTP.* »

- Floriane L : « *Vous avez raison. Les problèmes se sont accumulés depuis des mois et la situation est tendue. J'ai cherché dans nos contacts un Chef de Projet disponible mais n'ai trouvé personne. Je vais regarder dans le registre des demandeurs d'emploi.* »

Floriane L compulsait rarement ce registre car il y avait toujours des CTP disponibles dans le vivier du BIT. Mais cette fois-ci il n'y en avait pas, aussi le compulsa-t-elle et tomba sur le dossier d'un certain *Eric Silvestre*, un inconnu qui travaillait à Enda, une ONG dont la réputation n'était pas à faire. Il venait en plus de réaliser un film sur les artisans au Mali. Un atout qui la décida à le contacter.

❖ A Dakar, quelques semaines plus tard, à Enda.

J'ai reçu l'offre du BIT pour un poste dans un Projet au Mali. Je n'en crois pas mes yeux que je garde écarquillés et braqués sur la lettre que je viens de lire deux ou trois fois avant de me dire que c'est vrai, que je vais peut-être entrer dans une agence au BIT ! Encore une coïncidence étonnante dans mon parcours, on ne peut plus positive, car le poste qu'on me propose est à Bamako où je viens de réaliser quelques mois plus tôt deux documentaires, l'un sur la filière coton et l'autre avec les artisans ! Je n'ai aucun passé au sein du SNU, et encore moins un profil de fonctionnaire international ! Pourtant tout coïncide, j'en suis certain, les choses sont limpides et claires. Je suis l'homme de la situation et vais le prouver.

Mon collègue *Youba S[4]*, responsable de l'équipe *Énergie*, m'appelle dans son bureau. Il attend un coup de téléphone du Directeur de l'Emploi à Bamako. Le téléphone sonne.

- Le Directeur. : *« Mon cher Youba, le BIT me propose ton collègue Eric Silvestre pour remplacer un chef de Projet qui vient de quitter son poste. Est-ce que tu le connais ? »*

- Youba S. : *« Oui, bien sûr, nous travaillons ensemble depuis des années. C'est quelqu'un qui ne te décevra pas, bosseur, passionné qui ne lésine pas sur le travail, un peu impulsif parfois, mais toujours pour la bonne cause. Je connais ton caractère qui n'est pas facile mais je ne doute pas que vous constituerez un duo de choc ! »*

Il n'en fallut pas plus pour que le BIT décide de me recruter.

❖ A Genève, au siège du BIT, 13ᵉ étage.

J'ai quitté Dakar quelques jours plus tôt pour une réunion au siège du BIT à Genève où je découvris un monde nouveau. *Carlos M* et *Floriane L* me prirent en main avec beaucoup de tact, m'expliquèrent la situation sans tourner autour du pot, me montrèrent les lettres envoyées par les artisans. Ils me firent comprendre que ces derniers avaient été manipulés, et me décrivirent la personnalité du Directeur de l'emploi. Ils ne me cachèrent pas que dans le contexte qui prévalait, j'allais un peu au casse-pipe, mais que si ça ne marchait pas, ils ne m'en tiendraient pas rigueur. Ils me concoctèrent un programme de rendez-vous qui m'amena à franchir les treize étages de l'immeuble gris et froid du BIT au pas de course, de bureau en bureau, d'expert en spécialiste, pour discuter de thèmes dont certains me paressèrent surréalistes.

On m'y parla de lois du travail, de tripartisme, de normes, de protection sociale, d'organisations syndicales et patronales, et aussi des procédures du PNUD[16], l'agence qui assurait localement la liaison avec le BIT pour les aspects administratifs du Projet dont j'aurai la charge. On me donna à lire de nombreux ouvrages dont un, intitulé *Document de Projet,* que je survolai, un peu dépassé par la tâche ! Je n'en découvrirai la signification exacte et la fonction que quelques mois plus tard. On me fit signer un contrat et me donna une copieuse avance pour ma prise de poste. Je rentrai chez moi avec un billet d'avion en poche pour le Mali.

❖ A Bamako, Mali, quelques semaines plus tard :

L'univers dans lequel je débarquai était très différent de celui de mes premiers pas en Afrique centrale, vingt ans plus tôt. Mais contrairement à mes pairs qui venaient en Afrique pour la première fois, mon acclimatation ne me posa aucun problème. Je fus accueilli à Bamako par *Jean Louis V*[5], qui sera mon plus proche collaborateur au sein du Projet, en sa qualité de conseiller technique. Je m'installai à l'hôtel le temps de trouver une maison : une expérience que je revécu à chacune de mes prises de poste, toujours avec le même souci d'entrer aussi vite que possible en action. À mon arrivée dans les locaux du Projet, je trouvai porte close ! Le gardien m'expliqua que les membres du bureau de la fédération étaient en train de régler un problème dont ils souhaitaient me tenir à l'écart. Puis la porte du bureau s'ouvrit et j'entrai dans une nouvelle vie.

---

[16] PNUD : Fonds des Nations Unies pour le Développement.

> Le Projet BIT/SNS dont je venais d'être nommé CTP avait pour objet d'apporter des appuis aux micros-entrepreneurs du Mali, que l'on appréhendait, au début des années 80, sous le vocable *SNS : Secteur Non Structuré*.

- Cette fois, dit Guillaume, nous arrivons au cœur du sujet. Vous aviez la charge d'un Projet considéré, dans votre jargon, comme *un programme d'appui doté de moyens, destiné à des bénéficiaires donnés, et ayant des objectifs précis*. Vous alliez donc pouvoir monter des actions concrètes, si je comprends bien ?

- Oui, bien sûr. Le Projet avait été lancé dix ans plus tôt et avait connu deux CTP, *Jorge C*[6], un ancien du BIT, qui resta huit ans à Bamako, et *Philippe D*, qui n'y passa que quelques mois, chassé, on le sait, par la cabale orchestrée par le Directeur de l'emploi. Il était prévu de fermer le Projet dans les deux ans à venir, mais il restait de nombreuses choses à faire, et l'avenir me montrera qu'il me faudra m'attaquer à un secteur inattendu : la *microfinance*.

- Les activités à venir vous incombaient, dit Guillaume, et vous aviez pour mission d'améliorer les conditions de travail, de revenus et de vie des artisans du secteur non structuré. Mais en quoi ce secteur était-il *non structuré* ?

- Cet aspect est un peu anecdotique et renvoie juste au fait que les acteurs du secteur dit *non structuré*, n'étaient pas organisés.

Ils étaient inconnus des services techniques compétents. C'est en 1993 que l'acronyme SNS, pour *Secteur Non Structuré*, dans l'intitulé des premiers Projets du BIT, au Togo, au Rwanda et au Mali, laissa la place, lors d'un séminaire au Kenya sur le secteur de la micro-entreprise, au nouveau concept de *secteur informel*, désormais officiellement défini comme suit :

> « *Un ensemble d'unités produisant des biens et des services en vue principalement de créer des emplois et des revenus pour les personnes concernées. Ces unités, ayant un faible niveau d'organisation, opèrent à petite échelle et de manière spécifique, avec peu ou pas de division entre le travail et le capital en tant que facteurs de production. Les relations de travail, lorsqu'elles existent, sont surtout fondées sur l'emploi occasionnel, les relations de parenté ou les relations personnelles et sociales plutôt que sur des accords contractuels comportant des garanties en bonne et due forme* » (BIT, 1993).

- Je vois, dit Guillaume, mais vous ne répondez pas tout à fait à ma question ! En quoi ces secteurs pouvaient-ils être considérés comme *non structurés* ou *informels* ?

- Les secteurs de la micro-entreprise et de l'artisanat ne faisaient pas l'objet d'une législation fiscale précise, aussi sont-ils longtemps restés dans le flou. Leurs membres n'étaient pas recensés, ne payaient ni taxes ni impôts, ne bénéficiaient d'aucune reconnaissance formelle, ni, de facto, d'appuis officiels, et n'étaient pas organisés. D'où ces concepts de *secteur informel* ou *non structuré*. On disait alors qu'ils évoluaient dans l'illégalité, mais d'autres économistes parlaient dans le même temps d'*allégalité*, dans le sens que, selon eux, ce sont les fiscalités des pays concernés qui n'étaient pas adaptées aux conditions de travail et de revenus des petits producteurs. *C'est Hernando de Soto* qui a développé ce concept dans un livre culte intitulé « *L'autre sentier*[17] ».

---

[17] L'autre sentier, la révolution informelle dans le Tiers-Monde. Hernando de Soto. Traduit de l'espagnol par Martine Couderc. La Découverte, Paris, 1994.

- Est-ce que les choses ont évolué depuis lors ?

- Oui, et au-delà, comme tu vas le remarquer. Le concept de *secteur informel* a été contesté par certaines directions techniques (au Burkina Faso, notamment) qui n'y ont classé que les *petites activités de rue*[18], saisonnières, tout à fait informelles, et ont classé les petits producteurs dans d'autres boîtes : *secteur artisanal* (SA), *micro-entreprise* (ME), *activités génératrices de revenus* (AGR), voire *toutes petites entreprises* (TPE).

- Est-ce que dans le même temps les ministères ont entrepris de faire entrer le secteur dans la légalité, demande Guillaume ? Est-ce qu'ils l'ont aidé à se formaliser ?

- Oui, bien sûr. Il est devenu nécessaire de le situer, si je puis dire, d'en identifier les acteurs, les filières d'activités et les revenus, d'en évaluer l'impact sur l'emploi, qui s'est avéré énorme (on parle encore aujourd'hui de 90% de la main d'œuvre urbaine) et de mettre en route un mécanisme de fiscalisation. Cela allait de pair avec sa prise en compte par les Projets d'appui qui se devaient, pour leur part, d'identifier les besoins des acteurs, leur niveau d'organisation, la place des enfants, les mécanismes internes (spontanés) de formation.

- Avant d'en venir au thème qui nous intéresse, permet moi de te raconter une petite anecdote qui marqua mon arrivée dans le Projet.

> **Un drôle de chantier**
> Moins d'une semaine après mon arrivée à Bamako, je dus me rendre à Niafunké, au sud de Tombouctou, avec mon collègue Jean Louis V.

---

[18] Les *micros-activités économiques urbaines*, selon Enda

> Nous devions visiter un chantier à problèmes dont la jeune *Fédération des artisans du Mali* avait accepté la charge, sans bien en mesurer les difficultés. Un premier entrepreneur s'y était cassé le nez et la situation n'était guère meilleure pour la Fédération. Nous prîmes la route pour Mopti, puis le bateau jusqu'à Niafunké. Difficile de mieux commencer pour moi qui me retrouvai quelques jours après ma prise de poste en croisière sur le fleuve Niger ! Arrivés sur place, nous découvrîmes un superbe bâtiment en architecture de terre avec de nombreuses voûtes et coupoles.
>
> Il s'agissait d'un projet belge de construction d'une école d'agriculture en petites briques de terre cuite fabriquées localement, mais dont la mise en œuvre s'avéra extrêmement difficile. Ce ne fut pas la première fois que je vis ce type de chantiers prétendument économiques, qui, selon moi, relèvent plus des phantasmes des écologistes européens que d'un réel souci de mise en place de systèmes de construction adaptés aux besoins des populations, simples et économiques. Il est généralement impossible d'en assurer l'exécution sans recourir à une batterie de techniciens proches des concepteurs, donc au prix fort !
>
> J'eus préféré quitter Niafunké en me disant que tout se terminerait bien et que l'école serait superbe, mais je compris que la meilleure des choses pour les artisans était de rentrer chez eux et d'abandonner ce chantier impossible, ce qu'ils finirent par faire quelque temps plus tard, en laissant derrière eux une belle ruine !

- Niafunké est le village natal d'*Ali Farka Touré*[19], dit Guillaume, le chanteur de blues malien aujourd'hui disparu.

- Effectivement.

---

[19] Bluesman africain qui revendiquait son statut de paysan et pratiquait un blues de virtuose qu'il a partagé avec les plus grands dont Ry Cooder et Taj Mahal.

Et imagine-toi que l'un de ses derniers clips est tourné dans une grande bâtisse en ruine, et, à voir la photo où il y est assis en train de jouer de la guitare, on voit qu'il s'agit de cette école qui n'a jamais été finie !

Les Organisations professionnelles (OP)

L'Europe connut dans les siècles passés les grandes *corporations*, dont nous reparlerons à propos des *Chambres de métiers*. L'Afrique, pour sa part, connaît depuis toujours les castes, notamment celles des forgerons, des potières (leurs épouses), et des bijoutiers. Plus proches de nous, le Bénin et le Togo virent éclore de grandes associations corporatives de photographes, couturiers et coiffeurs, inspirées sans doute du modèle allemand, pendant la période coloniale. Le principe d'association entre acteurs d'une même filière professionnelle n'est donc pas étranger à l'Afrique. Aussi est-il possible et intéressant de mettre les corporations européennes des siècles passés en parallèle avec les secteurs de l'artisanat d'aujourd'hui en Afrique de l'Ouest.

L'engouement de certains cadres du BIT, sud-américains notamment, pour la dynamique associative et coopérative, était puissant, dans les années 70/80, porté, on peut l'imaginer, par les mouvements socialistes (révolutionnaires) d'Amérique du Sud. De fait, le BIT, dans les années 80, encouragea et accompagna la création de fédérations d'artisans au Rwanda, au Togo et au Mali.

Il fut alors question d'appuis à l'organisation du secteur artisanal en même temps qu'à son développement et à sa structuration. On parla, dès lors, d'OP, *Organisations professionnelles*, pour désigner les groupements d'artisans. Les départements techniques du BIT en charge du développement de l'entreprise, penchaient, sous l'influence du département Coop[20], pour la création de *coopératives*, mais pour des raisons sur lesquelles je reviendrai plus loin, c'est le statut d'*association* qui fut privilégié au Mali, sachant qu'il n'existait pas de statut juridique spécifique pour de tels groupements. Le focus fut mis sur les plus petits acteurs économiques. Le Projet jugea utile d'aider les *tâcherons*[21] à intégrer les groupements, espérant que ces derniers entraîneraient les petits dans leur sillage. Ceci au détriment des artisans de niveau intermédiaire qui virent cette politique d'un mauvais œil. De fait, nombre d'entre eux tournèrent le dos au Projet.

Ce choix initial de s'intéresser prioritairement aux plus petits priva le Projet de la présence et de l'énergie de ces artisans plus avancés économiquement qui auraient pu, en développant leurs entreprises, entraîner les petits dans leur sillage et contribuer à leur développement. Ce que les *tâcherons* ne faisaient pas. Je pris tardivement conscience de cette situation en écrivant après la clôture du Projet : *Une décennie d'appui au secteur informel du Mali*[22].

- Revenons à votre prise de poste et à vos premiers pas de CTP, dit Guillaume.

Vous nous avez expliqué que cette situation était très nouvelle pour vous et la charge lourde, mais qu'en même temps vous étiez assez à l'aise dans ce milieu, pour y avoir tourné un film et travaillé avec des hommes et des femmes du secteur artisanal.

---

[20] Coopératives.
[21] Les tâcherons, le plus souvent, sont des petits entrepreneurs du bâtiment.
[22] BIT : Eric Silvestre et Souleymane Sarr, sous la direction de Carlos Maldonado.

- Je n'ai pas le souvenir d'avoir été inquiet et je suis rentré dans le vif du Projet et donc du BIT comme je l'aurais fait dans une ONG.

Le bureau du Projet était installé dans un local modeste composé de trois pièces : l'une était affectée au CTP, la deuxième à la secrétaire et au conseiller technique adjoint, la troisième à la FAM, (la *Fédération des artisans du Mali*). Il y avait quatre animateurs en charge du suivi de la douzaine d'associations proches du Projet et des *bases d'appui* (les zones d'activités artisanales sur lesquelles je reviendrai plus loin). Dès mon arrivée, j'ai dit à mon collègue qu'il pouvait s'installer dans mon bureau où il y avait assez de place pour deux. Il fut un peu surpris par ma proposition, je m'en souviens, mais cela nous permit par la suite de mieux collaborer. Ensuite, suivant les conseils de mon ami *Michel DL*[7], j'ai pris le temps d'observer la situation, de voir comment marchaient les choses, de parler avec les animateurs, les présidents des associations, les acteurs des *bases d'appui*, les élus de la fédération, les agents du ministère. Et le Directeur de l'emploi ! Je voulais identifier les forces et faiblesses, avantages et inconvénients, tant au niveau des acteurs que des appuis en cours et des institutions.

Mon premier bilan de la situation m'amena à penser que les appuis à mettre en œuvre les plus pertinents et susceptibles d'améliorer la situation des artisans, relevaient de quatre pôles d'intérêt.

1. L'organisation et la gestion de la Fédération et de ses démembrements : les associations de Bamako et en région,
2. La gestion des *bases d'appui* et leur développement,
3. La modernisation de l'apprentissage, et, je le compris quelques mois plus tard :
4. Le *financement des entreprises* et des activités de production. Un besoin que ne mentionnait pas le *Document de Projet* mais qui s'avéra crucial.

La FAM était constituée d'une dizaine d'associations : cinq à Bamako, les autres à Kolokani, Ségou, Bandiagara et Tombouctou, plus quelques groupements régionaux. Elle s'était construite autour d'une équipe qui sut profiter des appuis du Projet pour mener des actions utiles pour les artisans, telles que : le développement et l'équipement des *bases d'appui*, des formations dans différents domaines et, de façon soutenue, la fabrication de *prototypes* donc quelques machines-outils performantes (poste à souder, plieuse, …). D'emblée, je compris que je devais travailler étroitement avec chacune des associations, en même temps qu'avec la Fédération, ou tout au moins avec ses élus, car elle ne disposait pas de salarié(s) pour mettre en œuvre les activités d'appui à ses membres, faute de moyens.

De ce fait, pour aider les élus à la structurer et à mener des actions concrètes, je leur proposai de recruter un secrétaire exécutif. Nous cooptâmes *Souleymane S*[8], un ancien animateur du Projet qui maîtrisait bien la situation. Le bureau partagea son salaire avec la Fédération dont les élus acceptèrent le principe d'en assurer progressivement la totalité, pour qu'elle s'inscrive dans une dynamique structurante, jusqu'à s'étoffer et s'autonomiser. À court terme, elle deviendra, de fait, un partenaire incontournable des ministères sur les questions relevant de son domaine de compétences, et prendra progressivement la relève du Projet.

1 : Les statuts des OP

- Sachant, dit Guillaume, que les associations sont à but non lucratif, je me demande si le statut d'association était un bon choix pour un groupement à caractère économique ?

- La question est très pertinente, en effet. On dirait même que tu lis dans mes pensées car je m'apprêtais à poursuivre sur ce thème !

- Ce n'était pas le meilleur choix de statut, il est vrai, mais dans la situation qui prévalait à l'époque au Mali, comme au Sénégal d'ailleurs, il était difficile de faire autrement. Je vais te donner au moins un bon argument pour le justifier. On aurait dû logiquement conseiller aux artisans de constituer des *coopératives*, mais ils n'en voulaient pas, pour des raisons politiques liées à un passé proche. C'était leur hantise, si tu veux tout savoir, si bien que dans ce contexte, le statut d'association était un moindre mal ! Le choix d'encourager la création de coopératives opéré par les États du Mali et du Sénégal après les indépendances mena en effet à des échecs cuisants, du fait du rôle joué par les structures étatiques en charge de leur contrôle. Il y eut des coulages financiers énormes[23] au niveau de l'État et des pertes importantes pour les membres des coopératives qui y laissèrent des plumes au point de ne plus vouloir en entendre parler ! C'est donc à défaut d'un statut adéquat qui aurait associé les aspects associatifs et économiques que le BIT conseilla aux artisans de constituer des associations pour les groupements.

- Je comprends, dit Guillaume, ce rejet remontait loin.

- Du fait de ce statut à but non lucratif, les associations durent passer par des intermédiaires pour obtenir des marchés publics, lesquels les exploitèrent et en accaparèrent les bénéfices. Le gouvernement donna des marchés à la Fédération, mais à quel prix pour les artisans !

---

[23] Voir le livre de Bruno Chavanne : *Une vie de coopérant*, Harmatan Sénégal.

Ce n'était qu'une solution provisoire et informelle qui nécessitait qu'un statut ad hoc soit imaginé et proposé aux petits producteurs.

Cette situation intolérable me rendit soucieux de trouver une réponse à cette question et l'élaboration d'un statut à caractère associatif autant qu'économique constitua dès lors, à mes yeux, une priorité d'action. J'ai quitté le Mali sans avoir eu le temps de chercher des réponses officielles mais avec la ferme intention de relancer le débat aussi vite que possible. C'est deux ans plus tard que je pus revenir sur cette question et poursuivre la réflexion, au Burkina Faso, quand j'y devins CTP d'un nouveau Projet du BIT. La question de l'absence de statuts ad hoc pour les OP fut évoquée lors d'un séminaire organisé par le BIT et la Coopération allemande à Abidjan.

Elle suscita un vif intérêt de la part des participants. Peu après, je mis en place avec un collègue allemand du BA[24] de Ouagadougou, un petit comité de réflexion sur ce thème. Nous avons recruté un juriste avec mission d'élaborer sur la base des réalités et contraintes du marché un statut approprié pour les groupements de petits producteurs, en associant les caractères associatif et économique. Il fallait trouver un juste milieu entre les associations à but non lucratif, les GIE à caractère ouvertement économique, limités à des petits groupes, les coopératives, à connotation collectiviste très mal vues dans la sous-région, on sait pourquoi, voire les sociétés anonymes, un peu compliquées pour les artisans.

---

[24] Bureau des artisans (Coopération allemande).

Ce travail a pris du temps et je n'ai pas pu le suivre jusqu'à son terme, mais je sais que la coopération allemande l'a poursuivi après mon départ du Burkina Faso.

2 : Création et structuration des OP

Les exemples de création d'Organisations professionnelles sont légion, qu'il s'agisse d'associations ou de fédérations, soit par les acteurs du secteur, artisans et micro-entrepreneurs, soit par des partenaires, compétents ou non, au regard de leurs expériences préalables acquises dans ce domaine, de leurs capacités à programmer et organiser des appuis pertinents aux acteurs, de façon structurée et structurante. Le principe voudrait que la structuration de toute OP commence par la base, comme les fondations d'une maison, avant d'évoluer vers le statut de structure faîtière, fédératrice. Mais tel n'est pas toujours le cas ! Il arrive en effet qu'une organisation créée à la base s'auto propulse au niveau faîtier, sans la moindre légitimité, ce qui ne facilite pas la suite du processus et encore moins l'adhésion des autres artisans !

La *Fédération des artisans du Mali*, on l'a vu, avait suivi le bon chemin en commençant avec cinq associations d'arrondissement, à l'échelle de la ville de Bamako, plus quelques autres dans les régions, appuyées par le Projet BIT/SNS, avant de s'organiser au niveau régional puis national. Quelques années après, elle fusionna avec l'AMAPRO, une association créée avec l'appui d'une ONG suisse par des artisans dont ceux qui n'avaient pas trouvé leur place dans le Projet BIT/SNS[25].

---

[25] Lequel, on s'en souvient, avait mis en avant les tacherons et les artisans

Puis ensemble, elles intégrèrent d'autres organisations régionales et devinrent la FNAM, la *Fédération nationale des artisans du Mali*.

Le BIT, qui sortait des expériences du Togo et du Rwanda, avait en tête un développement progressif des organisations faîtières à partir des groupements de base, puis intermédiaires (régionaux), et prenait en compte la création et la gestion des *bases d'appui*. Une autre idée, en l'absence de *chambres consulaires*[26], était de monter au sein des OP faîtières des *formations transversales*[27] pour asseoir leur rôle au niveau national, de défense des intérêts de l'ensemble du secteur artisanal, et dans le même temps, des *formations par filières* qui inscrivent les artisans dans une dynamique d'organisation et permettent aux petits entrepreneurs de se retrouver au sein de groupements corporatifs. Ce, sous le chapeau de la fédération. Cette dernière idée fut malheureusement abandonnée au profit de la seule dimension multi-corporative de la Fédération, ce qui ne lui facilita pas la tâche car elle se trouva confrontée à l'ensemble des besoins des filières.

Au Bénin, le Projet BIT modifia sa stratégie et commença par la construction des *bases d'appui* et la création de *mutuelles d'épargne crédit*, et programma en seconde étape, la création, par leurs membres, de groupements corporatifs (sur le modèle des associations[28] qui existaient déjà dans le pays). Une fois ces derniers opérationnalisés, il leur deviendrait facile de se fédérer au sein d'une structure faîtière nationale (de type *Fédération ou Confédération Nationale*) dont l'ossature serait assurée par les *associations historiques* évoquées ci-dessus.

---

[26] Chapitre 2, Thème 3, page 69
[27] Notamment en création et gestion des OP, ou en formation des élus
[28] De tailleurs, photographes et coiffeurs.

L'idée était bonne et susceptible d'éviter les problèmes rencontrés précédemment, mais c'était sans compter sur l'intervention d'une ONG en charge des jeunes de la rue qui créa de toute pièce une fédération qualifiée d'emblée de nationale, la *FENAB* : *Fédération nationale des artisans du Bénin*.

On peut imaginer qu'elle maîtrisait peu la situation du secteur de l'artisanat, et encore moins la problématique de son organisation dans le long terme. De plus, cela se fit sans concertation avec le bureau local du BIT dont un Projet avait engagé un processus de structuration progressive, on vient de le dire, avec l'ensemble des associations et fédérations corporatives existantes. Plus encore, en en débauchant certains présidents pour les placer à la tête de la nouvelle Fédération nationale, elle contribua à affaiblir les associations historiques qui ne surent plus où se positionner. Pour finir, la nouvelle Fédération nationale ressembla dès sa création à un corps sans jambes ni bras.

Elle put compter toutefois sur ses différents partenaires locaux, dont le Projet BIT et le *Bureau d'Appui aux artisans* (le BAA[29]), qui mirent en œuvre des appuis pour pallier ses faiblesses de naissance. Nous verrons plus loin comment le BAA, quant à lui, en renforça de façon efficace la structuration.

3 : La formation des élus

Un autre aspect du dysfonctionnement des OP, au regard de leur développement, utilité, et capacité à jouer un rôle structurant tant vis-à-vis d'elles-mêmes que de leurs membres, était lié à l'idée que les élus

---

[29] Coopération suisse au Bénin.

se faisaient de leurs rôles au sein des bureaux, en termes de missions et de compétences. La plupart ayant été élus pour des raisons étrangères à la nature des tâches qui les attendaient. Je pris conscience rapidement de cette situation et décidai de mener des actions concrètes pour former ces élus, les informer, les sensibiliser, renforcer leurs compétences, leur faire rencontrer leurs homologues dans les régions et pays voisins.

Cela concerna principalement les présidents, trésoriers, secrétaires, responsables à l'organisation et à la formation. Nous fîmes appel à un consultant suisse qui avait mis au point un module de formation dans ce sens. Il vint à Bamako pour une mission pendant laquelle il mena, avec les animateurs du Projet, une série de formations qui rencontrèrent un vif succès auprès des associations. Chaque module dura trois jours pendant lesquels chacun fut formé à son rôle, puis de façon succincte, aux tâches des autres membres du bureau.

Des *jeux de rôles* organisés en fin de session, qui mettaient en scène les membres d'un bureau virtuel sur une action spécifique tout aussi virtuelle, rencontrèrent un vif succès et donnèrent lieu à des psychodrames cruels, mais révélateurs de la réalité des choses et par-là, constructifs, car tout le monde joua le jeu. J'ai saisi cette occasion pour rédiger un pack de manuels pédagogiques à destination des formateurs et des apprenants (élus des OP, rappelons-le), puis nos animateurs démultiplièrent la formation dans les associations couvertes par le Projet dans le pays.

En quittant le Mali, j'ai emporté les manuels au Burkina Faso où je les ai adaptés au contexte local et nous y déroulâmes les formations.

Je les ai utilisés plus tard au Niger où ils furent amendés et utilisés par le *Projet Nigetech*[30] et l'ONG *Le Partenariat* à Zinder au bénéfice de milliers d'élus.

Entre-temps, ils passèrent par le Bénin, on va voir comment : À la demande de *François R*[9], qui supervisait les Projets de la Coopération suisse dans la sous-région, je reçus un jour dans mon bureau *Cyr D*[10], le responsable du *BAA* de Cotonou évoqué plus haut. Son séjour dans nos murs lui permit de se familiariser avec la *formation des élus* des OP dont il intégra rapidement le principe en participant aux côtés des animateurs de la *Boutique d'appui*[31] à des sessions de formation. Puis il rentra au Bénin avec l'ensemble des manuels qu'il adapta, à son tour, au contexte local avant de les dérouler à travers tout le pays au sein des démembrements de la FENAB, jusqu'à la doter des bras et des jambes qui lui manquaient.

Cyr et moi sommes devenus très proches et avons eu maintes occasions de travailler ensemble. Pour finir, ces documents sur la formation des élus des OP ont été repris par un Projet du BIT à Dakar qui les développa et en fit une large diffusion.

- C'est un bel exemple de coopération Sud-Sud comme on aimerait en voir souvent, dit Guillaume.

- C'est vrai, tu as raison de le souligner.

---

[30] Projet BIT du Niger dont je fus CTP. Voir pages 102 et 162
[31] Projet BIT de Ouagadougou au Burkina Faso dont je fus le CTP. Page 177

4 : Intrusion de la démocratie dans la gestion des OP !

Le coup d'État qui provoqua la chute du président de la République malienne, *Moussa Traoré*[32], au début de l'année 1991, donna lieu à une transition démocratique unique dans l'histoire du Mali, voire de la sous-région. Un président fut nommé pour une période de transition et il annonça qu'il en respecterait la durée prévue et laisserait la place à un nouveau président démocratiquement élu. Ce qu'il fit.

J'ai vécu le coup d'État de l'intérieur, et le plus cocasse dans l'histoire est que j'avais quitté le Sénégal après deux années marquées par des couvre-feux, à la suite d'élections houleuses et du clash avec la Mauritanie, et pensais que la situation au Mali, dirigé par un dictateur, serait beaucoup plus tranquille. Ce fut tout le contraire !

> **Soirée de coup d'Etat**
>
> Durant plusieurs jours, la ville fut l'objet jusqu'en milieu d'après-midi de manifestations violentes assorties de pillages de boutiques et de maisons. Ces pillages étaient parfaitement ciblés et visaient les maisons et biens immobiliers appartenant à des proches du président.
>
> Et puis vint la soirée où, après une déclaration irresponsable de sa part qui risquait d'amener les femmes à gravir la colline de *Koulouba*[33], les militaires déposèrent le président. Il s'en suivit un déferlement de mouvements incontrôlés, de clameurs dont il était difficile d'apprécier la nature exacte, et de vols, notamment dans les dépôts de produits alimentaires.

---

[32] Moussa Traoré fut président du Mali entre 1968 et 1991.
[33] La colline du pouvoir

> Les premières heures de la nuit furent tendues et nous étions sérieusement inquiets de ce qui risquait de nous arriver, du fait notamment que des amis expatriés nous avaient raconté les conditions dramatiques de leur rapatriement en urgence du Tchad ou du Rwanda. Des consignes nous furent données par le point focal du SNU dans le quartier de nous préparer à un départ précipité. J'ai réuni un ensemble de documents du Projet sur le toit de la maison, par sécurité, et en ai rangé d'autres, plus personnels, dans des valises placées dans le coffre de ma voiture positionnée dans le garage face à la sortie ! Quitte à en exploser la porte en cas de départ précipité. Puis, ayant compris que les clameurs étaient joyeuses et festives, liées au départ du président, nous nous sommes assis devant le portail et avons assisté jusqu'au petit matin au défilement des manifestants chargés de butins divers.

Je profitai de l'élan de démocratie que constitua la destitution du Président de la République pour initier des actions novatrices au sein des groupements professionnels. Quand les artisans décidèrent de fusionner les deux fédérations pour créer la Fédération nationale, je leur conseillai de faire une élection en bonne et due forme. Chaque candidat dut proposer des actions et préciser le poste qu'il souhaitait occuper.

- C'était une vraie révolution, s'étonne Guillaume !

- On peut le dire, en effet, car il est vrai que, culturellement, dans ces sociétés conservatrices, un homme ne peut pas se mettre en avant, voire se déclarer lui-même candidat. Il lui est difficile de dire « *Je veux être président* » tant qu'il n'a pas été coopté par ses pairs. Avec ce qui se passait au sommet de l'État, il m'était dès lors possible de modifier un peu cet ordre des choses et de proposer que soit tenue une véritable élection avec des candidats auto-déclarés ou portés par leurs associations de base. Tout marcha comme on l'avait souhaité.

Il fallut d'abord concevoir une réforme du statut de la fédération existante, qui serait appliqué à la nouvelle, de niveau national. J'ai mobilisé une poignée de jeunes leaders parmi ses membres pour rédiger ce texte régicide et, à ma grande surprise, les choses ne se passèrent pas comme je l'imaginais.

Ils mirent en place le comité de réflexion, comme je le souhaitais, mais ils y invitèrent deux ou trois vieux, ce qui me parut suicidaire ! En fins stratèges qu'ils étaient, ils m'expliquèrent qu'au regard de la tradition, la meilleure façon de faire tomber un vieux était de lui faire signer le texte de son arrêt de mort ! S'il ne le signait pas au stade préparatoire, il dirait au moment du vote que tout cela n'est qu'un tissu de mensonges élaboré par les jeunes ! Ces derniers m'expliquèrent que les vieux ne pourraient pas empêcher que le texte soit rédigé comme ils le voulaient car ils n'étaient pas en mesure d'en maîtriser le contenu, voire les changements, et qu'ils le signeraient. Ce qui marcha au-delà de nos espérances.

L'élection eut lieu dans une salle publique, chaque candidat dut monter sur scène et dire pourquoi il fallait voter pour lui, arguments à l'appui. Certains précisèrent qu'ils ne souhaitaient pas être présidents mais occuper un poste en lien avec leurs compétences : secrétaire ou trésorier, par exemple. Le président sortant monta sur la scène, se présenta, rappela son statut de président sortant, dit qu'il souhaitait être réélu, puis redescendit à sa place, sans autre commentaire.

- Il n'a rien proposé, demande Guillaume ?

- Non, rien. Il n'avait rien à dire, en fait !

La FAM qui s'était structurée progressivement au fil des années, mua et prit ce jour-là son envol. Elle devint la FNAM, *Fédération nationale des artisans du Mali*, le bureau fut renouvelé et un président jeune et dynamique, *Yacouba C*[11], prit les choses en main. Une ère nouvelle commença avec des personnes compétentes aux différents postes du bureau qui disposait depuis peu, faut-il le rappeler, d'un Secrétaire exécutif. Le Projet put poursuivre ses actions d'appui pour préparer, à moyen terme, le passage de relais à la Fédération.

Lors de l'élection suivante, c'est une jeune femme, *Assitan T*[12], qui fut élue présidente.

5 : Les échanges entre régions et pays

L'organisation et la structuration des OP passent beaucoup par les échanges entre artisans, petits entrepreneurs et autres animateurs des Projets.

Ma première expérience dans ce domaine consista à organiser un voyage d'études au Sénégal pour des artisanes maliennes pour leur permettre d'y visiter des sites de production intéressants, de rencontrer des homologues sénégalaises, apprendre des techniques nouvelles, à leur contact, et renforcer leurs compétences. Ayant passé plus de dix ans à Enda, au Sénégal, j'avais des contacts avec des groupements féminins, notamment en Casamance, aussi me fut il facile de planifier leur déplacement. Avec non pas une cerise sur le gâteau mais un couac qui me stupéfia !

> **Un couac dans l'organisation**
> Dans le travail quotidien, il y a des moments où les éléments déchaînés et un surcroît de fatigue peuvent donner à penser que l'on perd la tête.

La préparation du voyage au Sénégal prit des semaines car il fallait choisir les participantes et faire en sorte qu'elles puissent en tirer le meilleur profit. Dans ce sens, j'émis le souhait que celles qui partiraient soient alphabétisées. Il semble que les animateurs communiquèrent le message de façon un peu brutale, ce qui souleva des revendications assez violentes de la part des femmes, sans doute par solidarité. Bon an, mal an, le voyage fut bien préparé. La veille du départ, sortant d'une journée harassante, je décidai de passer un peu par hasard au bureau avant de rentrer à la maison, sans savoir que j'y trouverais les femmes prêtes à quitter Bamako.

Cela me donna l'occasion de les saluer et de leur livrer quelques derniers conseils pour la route. Au milieu de celles-ci, j'en vis une avec son bébé au dos et fis la remarque qu'il s'agissait sans doute d'une amie venue leur dire aurevoir. On me dit que non et qu'elle partait aussi. J'eus alors un instant de trouble, je leur demandai si elles n'étaient pas inconscientes de partir avec cette femme et son bébé, et si elles se rendaient compte des complications que sa présence ne manquerait pas d'entraîner, sans parler des risques que la maman prenait pour son bébé.

Mais non, pour elles, tout était normal. J'eus l'impression d'halluciner ! « Tout est normal, me suis-je dit, c'est moi qui dois l'être moins. Je dois être angoissé à cause de la fatigue et il n'y aura aucun problème lors de ce voyage, même à mille kilomètres de Bamako ».

Je rentrai donc à la maison et y plongeai tout habillé dans la piscine !

A leur retour, une des femmes me raconta que la présence du bébé au dos de sa collègue créa mille problèmes tout au long du voyage !

La Confédération des artisans d'Afrique de l'Ouest

La Coopération suisse et le BIT ont lancé conjointement, à travers les Projets du Burkina Faso, à l'initiative et avec une forte implication de *François R*, l'idée de la création d'un réseau d'échanges sous régional entre les associations et fédérations nationales existantes et les Projets d'appui. L'idée était de leur permettre d'échanger sur les grandes problématiques, de partager leurs expériences et de confronter les réponses apportées dans les différents pays. C'est sur cette base que fut créée la *CAAO : Confédération des artisans d'Afrique de l'Ouest.*

- Vous vous êtes impliqué dans ce projet, demande Guillaume ?

- Au démarrage de la réflexion sur le concept et lors des premiers pas, oui, notamment au Sénégal où j'avais des liens particuliers avec des personnes ressources impliquées dans l'organisation du secteur artisanal, ou plus spécifiquement dans des filières professionnelles (textile, cuir, métal). Il y en avait plusieurs à cette époque, en revanche l'idée d'une structure faîtière nationale, n'était pas d'actualité. Hormis une *Fédération nationale* créée de toute pièce par un groupe restreint d'acteurs et ce, dans un zone géographique elle-même ponctuelle. Loin, on l'aura compris, d'une dynamique fédérative reposant sur des groupements de base engagés dans un processus les conduisant à une structure faîtière.

- Ca a fonctionné, demande Guillaume ?

- La CAAO oui, bien sûr, il y a eu de nombreuses réunions entre responsables d'OP des pays de la sous-région qui se sont attelés à des actions fortes sur différents thèmes. Je me souviens d'une réunion dans un grand hôtel de Dakar et des tensions qui ne manquèrent pas de faire surface, entre le président de la *FNAM, Yacouba C*, venu à

Dakar pour parler du principe d'organisation d'une organisation faîtière à l'échelle d'un pays, sur une base pyramidale, et le président de cette Fédération (prétendument nationale) qui voyait bien que les choses avaient été faites un peu vite, en l'absence de légitimité nationale, en l'occurrence. *François R* a porté le projet et organisé des réunions très intéressantes entre les acteurs du terrain, présidents et membres des OP, et les chefs de Projets que nous étions.

Le concept d'industrialisation du travail

Lors d'une mission à Haïti, j'ai discuté longuement avec un chef d'atelier qui avait travaillé des années durant aux USA comme acheteur pour le compte d'un hyper marché de Floride.

Un jour, il décida d'aller voir sur place, en Corée, comment fonctionnait la chaîne de fabrication des vêtements dont il avait toujours négocié l'achat par téléphone. Arrivé dans le pays, il rencontra ses fournisseurs et leur demanda s'il lui serait possible de visiter l'usine. « *De quelle usine nous parlez-vous ? Répondirent ses hôtes Il n'y en a pas. Il y a des centaines de particuliers qui fabriquent les vêtements chez eux ou dans des petits ateliers. Nous les regroupons dans notre dépôt et les livrons à nos clients européens et américains.* » Dans le jargon du Développement, ce phénomène relève du *concept d'industrialisation*, non pas au sens que l'on pourrait imaginer, du passage du statut de micro-entreprise à celui de PME ou de grandes entreprises, mais de la capacité qu'ont les petits producteurs à fabriquer, chacun chez soi, des produits identiques en termes de qualité, de normes et de finition. Dès lors, ces produits peuvent être commercialisés sous une même référence.

Une expérience semblable fut menée au Sénégal dans les années 80 pour la confection de tenues scolaires. Toutes les pièces de tissus étaient prédécoupées dans un atelier équipé de machines professionnelles. Des petits tailleurs en assuraient ensuite l'assemblage et la couture. Le marché potentiel des tenues scolaires avait alors été estimé à deux ou trois milliards de francs CFA (3 M €) qui auraient pu tomber dans les escarcelles des artisans plutôt que dans celles des professionnels de l'importation des fripes venues d'Europe qui entrent quasiment sans taxes dans le pays, avec à la clef, une concurrence totalement déloyale vis-à-vis des petits tailleurs. Avec la complicité plus ou moins involontaire des institutions caritatives qui les collectent en pensant les destiner aux plus pauvres !

- J'ai suivi une opération, dans ce sens au nord Mali pour l'achat de bogolans et de sacs par les responsables d'*Etni Tecni*[13], une société qui importait des produits de l'artisanat africain dont ils assuraient le design. Les résultats furent peu probants du fait du non-respect des normes et mesures, ce qui en rendait la commercialisation impossible.

- Ils n'étaient sans doute pas formés sur le principe du produit unique nécessairement conforme à celui fabriqué par l'artisan voisin, dit Guillaume, et restaient dans la logique du produit personnalisé, pourrais-je dire, avec ses qualités et ses défauts, voire ses spécificités. Tout le contraire de ce qui était attendu d'eux.

- Le travail à domicile ou décentralisé n'est pas sans risque, en effet, non seulement au regard de la qualité des produits finis, comme dans le cas dont nous parlons, mais aussi des conditions de travail des hommes et des femmes utilisés comme sous-traitants, en contrepartie de rémunérations indécentes, souvent, et sans protection sociale.

On le voit de nouveau aujourd'hui avec les Start up qui font travailler des milliers de personnes dans des conditions déplorables. A ce propos, il est intéressant de faire un petit flash-back sur les révoltes des *canuts*[34] qui eurent lieu à Lyon[35] entre 1831 et 1848. Ce furent les plus grosses insurrections sociales du début de l'ère de la grande industrie en France. Les ouvriers de la soie, qui travaillaient chez eux comme sous-traitants des Patrons du secteur soyeux, réagissaient contre les pertes d'emplois générées par l'utilisation du fameux *métier Jacquard*, très performant et caractérisé par l'utilisation de cartes perforées, mais qui réduisait malheureusement le nombre d'ouvriers affectés à chaque poste de travail. Aussi revendiquaient-ils un salaire garanti face à des négociants qui répercutaient toujours les fluctuations du marché à la baisse. Cela dans le contexte de la révolution industrielle de cette époque et de la libéralisation de l'économie qui dégradait profondément les conditions de vie de ces ouvriers et artisans.

Les espaces de travail

Qui a voyagé en Afrique et n'a pas été surpris de voir des artisans travailler sur les trottoirs, dans les rues, des cours privées ou des espaces publics, voire des gares routières, dans un désordre total et très souvent en l'absence de règles élémentaires d'hygiène et de sécurité.

---

[34] Les ouvriers de la soie.
[35] À cette époque le tissage de la soie faisait vivre la moitié de la population lyonnaise selon un modèle de type préindustriel. Les fabricants faisaient travailler quelque 8 000 maîtres artisans tisserands que l'on appelait les *canuts*, qui travaillaient à la commande et à la pièce. Ils étaient propriétaires de leurs métiers à tisser et employaient environ 30 000 compagnons salariés à la journée qui étaient logés et nourris chez leurs maîtres.

Ce mal chronique nécessite depuis des décennies que soient menés des programmes visant à trouver des solutions pérennes qui permettent aux artisans, micros et petits entrepreneurs de travailler dans un environnement serein et porteur, voire structurant. En termes de constats et de perspectives, on peut évoquer les éléments suivants.

> 1. L'instabilité foncière pénalise les petits entrepreneurs maintenus à la merci d'un déguerpissement par les pouvoirs publics ou des propriétaires vénaux désirant récupérer leurs locaux
> 2. En l'absence de sécurité foncière, les artisans hésitent à faire les aménagements ou à acheter le matériel qui faciliteraient leur travail.
> 3. La dispersion des micros entreprises dans la ville ne facilite pas leur mise en relation et la création d'organisations professionnelles.
> 4. Du point de vue économique, cette dispersion ne facilite pas non plus les synergies entre artisans, clients et fournisseurs.
> 5. Leur isolement rend difficile la mise en œuvre de réponses concertées à leurs besoins par leurs partenaires au développement
>
> D'où l'importance de l'aménagement de zones d'activités publiques ou privées qui permettent aux artisans et petits entrepreneurs de travailler dans de meilleures conditions, tant du point de vue de leur positionnement dans le tissu urbain que de la production.

Cela nous amène à évoquer les types d'aménagements possibles, dont la plupart ont fait leurs preuves et montré l'importance de leur création : *les zones d'activités artisanales et les villages artisanaux*, non sans certaines confusions et ratés lors de créations trop rapides et mal préparées. Nous évoquerons également les *bases d'appui* imaginées par le BIT et développées dans certains pays à travers les Projets.

- N'y a-t-il pas chez certains décideurs une confusion entre *village artisanal* et *zone d'activités artisanales*, demande Guillaume ?

- Tu mets le doigt exactement là où ça fait mal, mon cher Guillaume ! Et dieu sait qu'il y a très souvent des confusions, avec à la clef des ratés et des situations ridicules.

- À quoi est-ce dû exactement, demande Guillaume ?

- Tout cela est dû à la définition exacte de ces deux concepts de *zone* et *village*. Il faut savoir à quels artisans exactement on s'adresse quand on veut construire une zone d'activité ou un village, et de quels types d'espaces de travail ou de vente ils ont besoin, sans quoi on construit des structures inadaptées, si ce n'est inutilisables.

Les zones d'activités artisanales

Les *zones d'activités artisanales* ont pour objet de permettre aux artisans du secteur moderne de travailler dans des espaces fonctionnels et sécurisés.

Ces zones doivent être spacieuses, accessibles aux clients, pas trop distantes des centres d'intérêt, et aussi aux véhicules pour les chargements et déchargements de matières d'œuvre et produits finis. Il faut les équiper de locaux et équipements adéquates.

Quand des ateliers sont construits à l'avance, il faut qu'ils soient adaptés aux conditions de travail des futurs utilisateurs (extérieurs ou couverts, fermés ou ouverts, etc.). Il faut prévoir quelques équipements fixes conformes aux besoins des filières, tels que des fosses pour les garagistes. La disposition des parcelles à construire doit tenir compte de la circulation des clients et des fournisseurs : zones de stockage des produits finis, des matières premières et déchets, bandes de circulation, sanitaires, … Voire, des boutiques de vente de pièces détachées et autres produits attendus par les futurs utilisateurs de la zone.

L'exemple de Ouagadougou

Au titre des opérations intéressantes d'aménagement de *zones d'activités artisanales*, il est intéressant de citer l'initiative de la mairie de Ouagadougou qui décida de désencombrer les trottoirs squattés par les réparateurs de mobylettes. Quand on sait que la ville était considérée à l'époque comme la capitale mondiale des deux roues, on peut imaginer que cette opération constituait un sérieux défi.

Elle construisit le *marché aux cycles* et attendit qu'il soit opérationnel pour opérer le transfert. Il fut d'emblée doté en son centre d'un grand espace sur lequel les réparateurs purent s'installer chacun sur sa parcelle et y construire son petit atelier. Sur trois côtés, des boutiques furent construites par la mairie, réservées aux vendeurs de pièces détachées et à des gargotes. Sur le quatrième côté, une zone fut aménagée pour effectuer les vidanges, avec un bassin de récupération des huiles. En moins de vingt-quatre heures, la ville fut débarrassée des réparateurs et des désagréments qu'ils généraient (bruits, huiles sales, pièces détachées et carcasses d'engins traînant sur le sol).

Ils s'installèrent dans cet espace fonctionnel conçu pour eux et y demeurent jusqu'à ce jour. Cette opération avec les réparateurs de mobylettes fut en tout état de cause exemplaire en matière de consolidation du tissu artisanal, avec à la clef la possibilité de créer une organisation professionnelle dans la filière mécanique deux roues, et d'y développer des mécanismes d'apprentissage, d'entraide, de solidarité et de services.

Dans les semaines qui suivirent le déplacement des réparateurs, nous y avons monté des actions ciblées pour aider les artisans à gérer leurs ateliers.

- De tels déguerpissements pourraient provoquer des troubles sociaux dans la ville, dit Guillaume.

- Tu as raison d'évoquer ce risque car il est certain, notamment quand les autorités déguerpissent des vendeurs ou des artisans sans prévoir leur installation dans un lieu approprié, ce qui est arrivé plus d'une fois. J'en ai vu qui ont viré à des guérillas urbaines ! Notamment à Dakar, dans les années 80. Si j'ai cité cette action menée à Ouagadougou comme exemple de bonne gestion municipale, c'est parce qu'avant d'expulser ces réparateurs, la mairie avait fait le nécessaire en amont pour que cette opération ne génère aucun trouble.

Les villages artisanaux
Les *villages artisanaux* ont par définition une *vocation touristique* et concernent majoritairement les artisans du secteur traditionnel. Ils doivent avoir du charme, et, autant que possible, refléter l'architecture traditionnelle du pays ou de la région. Ils doivent disposer de petits souks/ateliers adaptés au travail des bijoutiers, forgerons, couturiers, brodeurs, tisserands, teinturières, potières, sculpteurs, peintres, etc. Des souks différents, on l'aura compris, des ateliers de menuisier ou de garagiste !

- La problématique liée à leur création semble assez méconnue comme je le craignais, pour bien des acteurs du développement, dit Guillaume, à voir le nombre de villages artisanaux inutilisés !

- C'est le moins qu'on puisse dire ! J'ai moi-même vu des *villages* vides, faute de clients, parce que construits dans des zones sans touristes ou trop éloignées des centre villes. Et le comble, c'est qu'ils ne peuvent pas être transformés en *zones d'activités* pour des artisans du secteur moderne car les espaces de travail sont inadaptés ! Dans ma propre ville, Podor, on a construit un *village artisanal* dont on n'avait pas besoin, alors qu'une *zone d'activité* aurait été mille fois plus utile. Il est inutilisé depuis vingt ans !

- Il serait bon de mener une réflexion à l'échelle sous- régionale, pour éviter ces erreurs de castings, dit Guillaume.

- C'est évident, et nous en avions fait notre cheval de bataille au BIT. Je me souviens avoir briefé un ministre qui, malgré cela, donna le feu vert à la construction d'un *village artisanal* à Podor !

J'ai fait une mission au Niger pour la Coopération luxembourgeoise et visité des villages artisanaux qui illustraient parfaitement la dichotomie entre ces concepts de *village artisanal* et *zone d'activité*. Celui de Tahoua, par exemple, est très beau et accueillant, et il est doté de petits ateliers et boutiques du genre souk. Il est malheureusement vide la plupart du temps faute de touristes dans cette ville étape peu fréquentée. Celui de Zinder souffre de son éloignement du centre-ville et ne suscite guère d'intérêt de la part des artisans d'art qui préfèrent rester en ville.

Une *zone d'activités artisanales* construite au cœur de chacune de ces deux villes aurait sans nul doute, là aussi, été plus utile !

Dans le Village artisanal de Niamey, en revanche, les deux concepts ont été bien combinés.

La partie à vocation touristique, située à l'entrée du Centre artisanal, dispose de souks élégants loués et occupés par des artisans d'art. La partie arrière, plus fonctionnelle, est occupée par des artisans du secteur moderne. La gestion y est stricte et les occupants de souks qui ne paient pas leurs loyers sont expulsés. Du côté des artisans du secteur moderne, il y avait quand j'y suis passé, une jeune femme mécanicienne qui confirmait la modernité du lieu !

- Cela semble être l'exception qui confirme la règle, dit Guillaume.

- Un peu, oui. La Coopération luxembourgeoise, via *Lux Development*[36], y a construit des ateliers intéressants équipés de matériels que les artisans ne peuvent avoir chez eux, du fait de leur coût élevé. Ces ateliers ont été affublés du nom étrange de *mécanothèques* ! Celles que j'ai vu à Niamey et à Tahoua sont équipées de four à gaz et électriques, pour les potiers, et de machine à étirer le fil d'argent utilisé par les bijoutiers pour le filigrane. Certaines *mécanothèques*, notamment au Cap Vert, pêchent en revanche, par le fait qu'elles amènent les artisans qui les fréquentent à travailler sur du matériel sophistiqué qu'ils ne peuvent intégrer à leur process de production, une fois rentrés chez eux. C'est aussi le cas dans certaines écoles de formation professionnelle où les ateliers de poterie, notamment, sont équipés de fours électriques ou à gaz disproportionnés que les jeunes ne seront jamais en mesure d'installer chez eux.

A Dakar le village artisanal de Soumbédioune a longtemps grouillé de monde et de produits artisanaux de toutes origines, fabriqués ou reproduits sur place, ou importés.

---

[36] Agence luxembourgeoise pour la coopération au développement.

La construction de la nouvelle voie rapide en a malheureusement rendu l'accès difficile et en a fortement réduit la fréquentation, mais il survit.

A Saint-Louis, le *Village artisanal* semble poursuivi par la malédiction qui frappe la ville où les travaux urbains de rénovation des rues, voire de la place centrale, menés depuis des décennies, n'en finissent jamais, ou avec des résultats on ne peut plus mitigés. Le *village artisanal*, est trop loin du centre et ne présente aucun intérêt architectural. Ses rénovations successives y ont introduit chacune un peu plus de diversité architecturale sans jamais lui conférer le charme attendu et nécessaire à son épanouissement.

Les boutiques de vente dans les Villages artisanaux

Autant les artisans et petits entrepreneurs qui occupent les *zones d'activités artisanales* ont leurs propres clients qui viennent à eux, autant les membres des *villages artisanaux* sont tributaires de la fréquentation du village par les touristes/clients et peuvent avoir besoin de structures de vente et de mécanismes de représentation et de participation aux foires et autres salons d'artisanat. A Niamey, la boutique est grande et belle, à l'image du Centre, mais les produits y sont déposés par les artisans qui n'hésitent pas à les en retirer à la moindre occasion, privant le gestionnaire de la boutique de toute stratégie de présentation durable de produits de qualité[37].

En réponse à cette situation qui pénalise gravement le Centre, la Coopération luxembourgeoise a créé, lors de la construction du nouveau *village artisanal* de Ouagadougou, au Burkina Faso, un bel espace de

---

[37] Les artisans retirent les plus jolis et laissent les autres !

vente situé à l'entrée du Centre, où sont exposés les plus beaux objets fabriqués par les artisans du Centre, ou affiliés. Lesquels sont choisis et achetés par les gestionnaires de la boutique aux artisans qui ne peuvent plus les récupérer. Ils sont ensuite vendus sur place, ou à l'export, via des foires et autres manifestations.

Les bases d'appui BIT

Les Projets BIT du Rwanda, du Togo et du Mali, puis plus tard du Bénin, innovèrent dans ce domaine en construisant des *bases d'appui*.

- Quel est le principe de la *base d'appui*, demande Guillaume ?

- C'est une zone d'activités artisanales dotée d'installations spécifiques pour en booster le démarrage, le fonctionnement et le développement. Elle est construite sur un terrain cédé par les autorités locales, via le Projet, aux associations ou groupements de petits producteurs qui l'utiliseront et la géreront. Ce pour une durée indéterminée et, le cas échéant, avec des contraintes de valorisation. En plus des espaces destinés à la construction d'ateliers par les futurs occupants, la *base d'appui* est dotée de locaux équipés de machines-outils mises à la disposition des membres de l'association qui la gèrent.

Des artisans du quartier qui ne disposent pas des machines disponibles dans la *base d'appui*, peuvent également s'y rendre et les utiliser.

- Gratuitement, demande Guillaume ?

- En principe non ! Ils doivent payer une petite redevance destinée à l'entretien des machines et à la gestion de la base. L'expérience montrera toutefois qu'il n'en fut pas toujours ainsi.

La base dispose de petites boutiques construites à sa périphérie, tournées vers l'intérieur et l'extérieur, du fait de leur vocation commerciale. Elles sont louées à des commerçants qui vendent des produits liés aux activités de la base : pièces détachées, huiles, tissus et autres. Les loyers ont pour objet de générer des fonds utiles au fonctionnement de la base. Outre l'espace central, les ateliers et les boutiques, la base dispose d'un ou plusieurs bureaux et de salles de réunion et de formation.

- Dans la pratique, ce sont donc les membres des associations propriétaires des bases qui purent s'y installer, demande Guillaume ?

- Oui, évidemment, et c'était le principe fondateur ! Mais il y eut différents cas de figure, on le verra, au démarrage des premières bases, dont certains ont généré des situations cocasses. Les ateliers équipés de machines-outils construits sur les bases avaient une vocation collective et les artisans étaient invités à construire leurs propres ateliers dans l'espace central prévu à cet effet, je l'ai dit.

- Si j'ai bien compris, ce sont les Projets BIT qui ont défini les modes et principes de fonctionnement des *bases d'appui*, dit Guillaume, soucieux de comprendre comment les choses s'y passaient.

- Oui, je te l'ai dit, avec les membres des bureaux des associations, évidemment. Les avantages matériels apportés à ces dernières par les Projets constituaient une plus-value certaine dans la mesure où ils les rendaient plus utiles que les *zones d'activités artisanales* classiques, démunies d'équipements à vocation collective. En plus, elles étaient structurantes pour le secteur dans la mesure où leur construction allait de pair avec la création des associations et fédérations, qui disposaient d'emblée d'un espace commun de travail et de réunion.

- Et alors, demande Guillaume, que peut-on en dire ?

- Au Mali, j'ai constaté que les bases d'appui étaient bien développées mais qu'il y avait du sable dans les rouages, du fait que les membres des associations avaient littéralement squatté les espaces collectifs en y développant leurs propres activités.

- Au détriment de leur vocation collective et des services proposés aux autres membres, voire aux artisans de l'extérieur, s'exclama Guillaume ! En plus j'imagine qu'ils ne payaient rien, ajouta-t-il.

- Personne ne payait de loyers ni n'investissait dans les espaces prévus pour cela, hormis les quelques commerçants qui louaient les boutiques. J'ai compris qu'il devenait urgent de mener des actions pertinentes dans le but d'assurer une occupation plus démocratique des espaces prévus à cet effet, pour que les associations s'engagent dans une dynamique de croissance et soient ouvertes aux artisans de l'extérieur. Ce, pour en assurer la pérennité au-delà du Projet.

- Les artisans n'avaient pas construit d'ateliers au sein des bases, si je comprends bien, dit Guillaume !

- Non, en effet, alors que la plupart d'entre elles disposaient de grands espaces pour le faire. On pourrait dire, selon la formule bien connu, que « *les cabinets étaient fermés de l'intérieur !* ».

- Je comprends à quel point le fait que les premiers bénéficiaires du Projet aient squatté les espaces communs des bases d'appui, sans contrepartie financière, a pu constituer un frein à leur développement, dit Guillaume.

J'ai parlé avec les élus de la Fédération et des associations qui ont pris conscience de la situation de blocage et compris le message.

Nous avons discuté d'une stratégie de construction d'ateliers privés dans les cours des bases et, pour faciliter la procédure, le Projet a mis en place un crédit d'investissement qui a bien fonctionné. Dans la commune 5, l'espace fut occupé en quelques mois, et dans la commune 4, la base hébergea un Projet de ramassage d'ordures et des artisans venus de l'extérieur y aménagèrent des ateliers. Peu après la clôture du Projet, la Fédération y construisit son siège.

- Est-ce que les bases d'appui des autres pays marchaient bien, demande Guillaume ?

- Celle qui fut créée à Kigali dans les années 80 a survécu au génocide de 1995 et aux pillages qui l'accompagnèrent, notamment de certains *Centres de formation professionnelle*[38].

Elle fonctionnait encore en 1998 quand j'y ai effectué une mission. Celles du Bénin, construites après celles du Mali, étaient un peu différentes dans la mesure où l'espace central était réservé aux activités collectives.

Les artisans disposaient d'ateliers à la périphérie de la base, ouverts sur l'extérieur, en lieu et place des boutiques comme il en avait été aménagée à Bamako. Il y eut quelques ratés liés à leur taille et ils ont plutôt été occupés par des commerçants.

---

[38] C'est au Rwanda que le BIT monta un premier Projet d'appui au secteur non structuré dans les années 80 et y développa des bases d'appui et un réseau de caisses associatives d'épargne et de crédit. Le Centre de formation cité ici relevait des Salésiens et joua un rôle de premier plan dans la formation des jeunes du fait de la grande expérience de ces derniers dans le domaine de la formation.

- En quoi ces *bases d'appui* purent-elles aider le secteur artisanal à se structurer, voire à se consolider, demande Guillaume ?

- Du fait qu'elles constituèrent dès leur création des plateformes communes de rencontre, de discussion, de formation, de réflexion sur leur devenir, ces bases ont servi de terreau au développement des OP et des associations, et à travers elles, du secteur artisanal. La *Fédération nationale*, en synergie avec les bases d'appui qui disposaient d'une forte visibilité, finirent par constituer un lobbying incontournable face aux Pourvois publics dans la mesure où elle apportait des réponses aux mesures prises par les différents ministères. Le secteur artisanal a également bénéficié des activités de formation organisées par le Projet dans les bases, et plus tard par la Fédération elle-même, et du matériel mis à la disposition des artisans des quartiers voisins. Elles devinrent rapidement des carrefours où les micro-entrepreneurs discutèrent de leurs besoins de formation et échafaudèrent des stratégies et des programmes d'action. Au Mali, c'est dans les bases d'appui que le Projet installa les *Caisses d'épargne et de crédit* dont nous parlerons plus loin.

Salons et/ou foires

Au regard des tristes habitudes de toujours vouloir acheter et vendre *moins cher*, il est rare de voir un artisan défendre la qualité de son prix et en justifier le prix plus élevé que celui que le client attend, et que l'artisan du bout de la rue va lui proposer. Sans la même qualité, on l'aura compris, mais cela ne dérange pas l'acheteur. C'est là tout le problème et le mal de la stratégie du « *moins cher* ». L'appât du gain prévaut, expliquent les vendeurs. Ou le besoin de liquidités immédiates, qui les conduisent, souvent, à vendre à des prix inférieurs aux prix de revient.

Nous verrons plus loin comment le BIT intervient auprès des artisans sur la question du *Prix*, de la *Place*, du *Produit* et de la *Promotion* (les 4 P), avec le Programme GERME[39] de création et gestion de petites entreprises.

Mais venons-en à la duplicité entre *foire et salon* qui brouille le jeu de bien des petits producteurs. Au Burkina Faso, le Projet collabora avec les gestionnaires du *SIAO*[40] et je remarquai quelque chose de gênant dans le fonctionnement de cette manifestation. Malgré son statut de *Salon* il fonctionnait comme une *Foire*. Or ce sont deux concepts très différents. Les artisans y voyaient avant tout la possibilité de vendre au coup par coup pour faire des profits immédiats et s'éloignaient de l'idée d'une présentation de leurs produits à des professionnels susceptibles de passer des commandes conséquentes. Un *Pavillon de la création* avait pourtant été ouvert par les organisateurs du SIAO, avec des espaces de rencontre des acheteurs professionnels pour négocier des marchés conséquents, mais la nuance restait très floue.

> Je me suis présenté un jour à une femme dans un stand du Pavillon de la création comme acheteur grossiste pour des boutiques à l'étranger et lui ai demandé les gammes de produits qu'elle proposait.
> Sur quoi elle me répondit, sans me donner la moindre information sur les lignes de vêtements, les qualités, couleurs et autres aspects susceptibles de me donner envie de passer une commande conséquente : « *Tu peux acheter la jupe, le pagne et le fichu* ». Comme au marché, on l'aura compris !

---

[39] Voir le thème 8 sur la création d'entreprise, page 151
[40] Salon International de l'Artisanat Ouest-Africain

Le Projet travailla dans ce sens et obtint des autorités du SIAO, avec le pool de ses partenaires, que des formations soient montées pour sensibiliser les artisans sur les principes et stratégies de vente en gros propres aux salons commerciaux.

Aspects sociologiques

Il est quasiment impossible pour les conseillers techniques lambda, notamment expatriés, de comprendre les logiques qui sous-tendent certaines situations qui les dépassent et les amènent à poser des actes décalés, voire inappropriés, donc inefficaces. J'ai demandé un jour à mes collègues du Bureau régional d'associer des psychologues ou des sociologues aux équipes de Projets, sans succès malheureusement. Ils auraient pourtant pu nous être très utiles, car en bien des circonstances, certains appuis proposés par nos Projets s'avèrent quasiment incompatibles avec les réalités locales, faute d'une maîtrise suffisante desdites réalités par nos responsables de Projets. C'est notamment le cas de tout ce qui touche à l'occupation des espaces public et privé évoquée plus haut. C'est un collègue sociologue *Taoufik B A*[14] d'Enda TM qui m'a donné la réponse à cette question récurrente incompréhensible pour un Européen à qui l'on n'en donne pas la clef.

Voilà ce qu'il m'a dit, qui m'a subitement tout fait comprendre :

- « *En Europe, l'espace public appartient à tout le monde, alors qu'en Afrique, il n'appartient à personne !*[41] »

Cela revient à dire que chacun peut y faire ce qu'il veut, et que nul n'est censé s'en plaindre ou revendiquer un droit de regard.

---

[41] C'est moi qui met ce point d'exclamation que Taoufik n'aurait pas mis.

D'où l'anarchie qui règne en matière d'occupation et d'utilisation de l'espace public. Ce constat rappelle combien la confrontation entre les systèmes de valeurs et d'interdépendances qui caractérisent chacun des acteurs du développement peut leur compliquer leur tâche.

Chapitre 3
Les chambres de métiers

La question des *Chambres consulaires*, et dans le cas des artisans et petits producteurs, des *Chambres de métiers*, est un sujet en soi, au titre de l'organisation du secteur de la micro-entreprise. L'origine des *Chambres de métiers* remonte aux siècles passés, leurs déclinaisons sont multiples et donnent lieu à des situations disparates. Il n'est pas dans mon intention de développer cette problématique de façon exhaustive, mais je ne résiste pas à l'occasion qui m'est offerte ici d'exposer mon point de vue sur cette question qui est source de malentendus et de projets malheureux. Cette question des *Chambres de métiers* est intéressante, en effet, tant au regard de leurs origines et du contexte de leur création en Europe, que de la complexité de leur introduction en Afrique de l'Ouest.

On peut préciser, à ce propos, que :

> 1. Les Chambres ont vocation à renforcer les artisans et micros-entrepreneurs et à les représenter dans le débat public
>
> 2. Les fédérations sont principalement corporatives, liées à une filière professionnelle, et ont vocation à renforcer leurs membres et à répondre aux besoins spécifiques de la filière.
>
> 3. En Afrique de l'Ouest cohabitent des Fédérations corporatives (Bénin, Sénégal) et des Fédérations nationales assez bien structurées mais pluridisciplinaires, à l'image des Chambres de métiers.

> 4. Aussi, dans le contexte socio-économique de ces pays, est-il utile de créer deux structures faîtières dont les missions, différentes, par définition, peuvent toutefois être assumées par une seule ?
> 5. Une Fédération *déclarée d'utilité publique* peut, de ce fait, représenter le secteur dans le débat public. C'est le cas dans certains pays.
> 6. Pour les artisans, la difficulté de cotiser à une structure est encore plus grande s'il leur faut cotiser à deux structures.
> 7. La contribution de l'Etat aux Chambres de métiers, financée par le paiement de l'impôt par les entrepreneurs, n'est pas toujours reversée aux Chambres au niveau attendu ce qui les pénalise.

J'eus l'occasion de parler des corporations des siècles passés au *CESAG*[42] de Dakar lors d'une formation de niveau *DESS*[43].

- « *Ces corporations existent-elles encore,* me demanda un participant ? »

- Non, lui ai-je répondu, ou tout au moins plus sous la même forme.

Petit rappel historique : Les grandes corporations connurent à la fin du 18e siècle des déviances professionnelles vers une forme de sectarisme qui empêchait notamment tout artisan indépendant de s'installer dans une ville sans intégrer la Corporation locale. Plus encore, elles commençaient à constituer des contre-pouvoirs, du point de vue politique. Deux constats qui les conduisirent à leur perte, aux yeux des auteurs de la *Révolution française*, à laquelle elles ne survécurent que deux ans, avant d'être interdites par la loi *Le Chapelier* en 1791.

---

[42] CESAG : Centre africain d'études supérieures en gestion (Dakar).
[43] DESS : Diplôme d'études supérieures spécialisées.

Laquelle fut abolie en 1884 par une nouvelle loi qui, entre autres, autorisa la création des *syndicats* !

En réponse à leur disparition, l'*enseignement technique* prit leur relève, en France, où furent créés les *lycées techniques*. Lesquels n'atteindront jamais le niveau d'excellence de leurs aînées, trop axés notamment, sur la théorie, avec une faible pratique de l'entreprise. Une lacune que les ministères chargés de l'*enseignement technique* pallièrent en créant les *Centres de formation professionnelle,* dont les programmes, moins scolaires, furent assortis de stages en entreprise.

Les Allemands, de leur côté, remplacèrent les corporations par des *organisations consulaires* privées, proches des corporations, mais dotées d'un statut semi-public, traduit par une implication financière des pouvoirs publics dans leur gestion, pour éviter les dérives du passé. Ainsi naquirent les *Chambres de métiers*. En récupérant l'Alsace et la Lorraine en 1918, la France hérita des *Chambres de métiers* construites dans ces deux départements. Les autorités compétentes s'emparèrent du concept et en construisirent dans tout le pays.

En Afrique de l'Ouest, la question de la création de *Chambres de métiers* se posa après les indépendances, sous l'influence des partenaires au Développement, dont la France. Les artisans avaient conscience du fait qu'ils constituaient la dernière roue de la charrette dans les *Chambres de commerce ou d'agriculture* créées avant les indépendances et censées les représenter et les appuyer, mais ne le faisaient pas, ou peu. Il avaient compris qu'une chambre consulaire dédiée à l'artisanat et à la micro-entreprise leur serait plus utile, aussi avaient-ils commencé à revendiquer le droit de disposer de leur propre chambre, en l'occurrence d'une *Chambre de métiers*.

Leur demande fut entendue et étudiée par les différents acteurs en présence, ministères compétents et partenaires au développement, dont la France, qui n'attendait que cette opportunité pour en créer.

- Je me pose quelques questions sur la viabilité des *Chambres de métiers* dans le contexte économique de ces pays, dit Guillaume, et dans le même temps sur leurs fonctions spécifiques, au regard des Fédérations dont nous avons parlé et qui, selon vous, jouaient un rôle actif, y compris dans le débat public.

- Tu as raison de poser cette question, et tant les *Chambres de Commerce* fonctionnent assez bien, tant les *Chambres de métiers* ont eu du mal à démarrer et encore aujourd'hui à survivre et à se rendre utiles à leurs membres. Ces *Chambres consulaires* sont des structures mixtes semi privées dans lesquelles l'Etat a un droit de regard et de contrôle, pour en éviter les dérives, en contrepartie de quoi il leur verse une subvention conséquente pour leur fonctionnement. Laquelle est prélevée sur les recette fiscales, donc tributaire de la bonne collecte de ces dernières. Seules ces Chambres sont habilitées à représenter officiellement les corps de métiers qu'elles représentent dans le débat public. Reste à savoir si elles jouent leurs rôles et servent les intérêt de leurs membres !

Le ministère de la Coopération française implanta les premières chambres dans les années 80 en Afrique de l'Ouest, au nom du sacrosaint principe qui veut que *ce qui est bon chez nous le soit aussi chez les autres* ! Ce qui malheureusement s'avère souvent faux. Les premières furent créées au Sénégal et en Mauritanie, mais force est de reconnaître qu'elles eurent du mal à fonctionner correctement pour différentes raisons liées notamment au décalage avec les originales.

La création des Chambres et leur positionnement dans les différents contextes socio-économiques locaux, met en jeu des intérêts qui dépassent leurs membres. Selon moi, comme pour de nombreux collègues, cette question n'a pas été abordée par le bon bout en bien des cas. L'argent, par exemple, y constitue par définition, le nerf de la guerre, assorti de la question cruciale de savoir qui paie, et combien, et d'où viennent les fonds, notamment quand il s'agit de recettes fiscales supposées être restituées aux Chambres. Dans le contexte économique formel européen, les artisans paient leurs impôts, et tout ou partie de cette recette fiscale est rétrocédée automatiquement aux *Chambres de métiers*. Ce qui en garantit la pérennité.

- Ce n'est pas le cas en Afrique, je suppose, demande Guillaume ?

- Plus ou moins, mais de toute évidence, pas de façon à en permettre le bon fonctionnement.

L'adéquation *impôt payé par les artisans / subvention versée aux Chambres* ne fonctionne pas comme prévu, étant acquis que les artisans qui évoluent majoritairement, on le sait, dans le secteur informel, ne paient pas d'impôts, ou peu, si bien que la part rétrocédée par l'État, *pour peu qu'elle le soit*, n'a pas une portée significative sur le fonctionnement des Chambres. La solution retenue pour combler ce manque, fut de s'en remettre aux cotisations.

- On aurait pu penser, en effet, que les cotisations payées par les membres permettraient aux Chambres de fonctionner.

- Oui, certes, mais le problème vint du fait que les artisans ne payèrent pas leurs cotisations, ou mal, et de ce fait, les Chambres n'eurent pas les moyens financiers pour fonctionner et jouer leurs rôles.

La contribution de l'Etat fut surtout traduite par l'affectation dans les Chambres de fonctionnaires supposés les gérer, mais ces derniers n'ayant pas la fibre artisanale, se contentèrent de gérer le quotidien.

Pour finir les *Chambres de métiers* rendirent peu de services à leur membres qui, en retour, rechignèrent à payer leurs cotisations indispensables au bon fonctionnement de la Chambre. C'est un cercle vicieux parfait. Bien des subterfuges furent imaginés pour faire entrer les artisans dans les Chambres, en échange d'appuis reçus, le plus souvent, à travers des partenariats de circonstance, quelque peu factices ou opportunistes. Cela ne trompa personne. Dans le même temps, les élus utilisèrent les Chambres comme tremplin politique. Le système se mord la queue et on ne voit pas comment inverser le sens des choses.

- On voit mal comment, sans une contribution conséquente de l'Etat, les Chambres pourraient se rendre utiles, dit Guillaume.

- C'est là tout le problème ! D'ailleurs, quand la presse sénégalaise parlait dans les années 80/90 des *Chambres de métiers*, c'était plus pour évoquer les conflits politiques entre membres des bureaux qui en phagocytaient les élections que pour rendre compte de ce que les techniciens en charge des activités des Chambres y faisaient pour répondre aux demandes de leurs membres. Ayant été menuisier, je peux te dire que j'ai apprécié les avantages de ma *Chambre de métiers* locale en matière de formations et d'organisation de salons et expositions où nous étions invités pour écouler nos produits[44].

---

[44] Des jouets en bois, dont certains à connotation pédagogiques

Mais je dois préciser que, comme tous les artisans, je payais des impôts, dont une part était reversée à notre *Chambre de métiers* qui avait donc les moyens de nous appuyer.

- Et politiquement, comment cela se passait-il, demande Guillaume ?

- Je n'ai jamais connu les présidents des Chambres dont j'ai dépendu. Nous n'avions à faire qu'aux techniciens qui nous suivaient et nous proposaient des appuis.

- La comparaison est dure, dit Guillaume. Que dire alors des spécificités des *Chambres* et des *Fédérations* ?

- Il est utile en effet de comparer les rôles de ces deux acteurs majeurs pour y voir un peu plus clair, et pouvoir juger de leur utilité, voire de l'intérêt de disposer des deux en même temps ! Était-il pertinent de créer des Chambres là où il y avait des Fédérations fonctionnelles et efficaces ? Les pressions venaient beaucoup plus des partenaires au Développement, forts de leurs connaissances du fonctionnement des unes et des autres dans leurs propres pays, et intéressés par l'idée de monter des Projets d'appui à la création de nouvelles structures. Dans des contextes qui, à bien les observer, ne s'y prêtaient pas !

Fédération des artisans vs Chambre de métiers au Mali

En l'absence de *Chambre de métiers*, la *Fédération nationale des artisans du Mali*, la FNAM, en couvrant l'ensemble des filières professionnelles, se rendit la tâche quasiment impossible, tant il lui fut difficile de satisfaire les besoins de l'ensemble de ses membres. Elle fut amenée à monter des actions transversales dans des domaines d'intérêt général, comptabilité, gestion des élus, obtention de marchés publics, gestion, et autres, lesquelles s'apparentaient de fait, au rôle attendu d'une Chambre de métiers (qui n'existait pas au Mali à cette époque).

Au regard de l'objectif du BIT qui en avait accompagné les premiers pas, elle avait vocation de devenir, à moyen ou long terme, faut-il le rappeler ici, une organisation faîtière regroupant des fédérations corporatives. Pour finir, la Fédération mena joua bien son rôle d'intérêt général, peut-on dire, et devint un partenaire incontournable du gouvernement pour tout ce qui relevait du secteur artisanal.

- Elle jouait bien le rôle d'une Chambre de métiers, et de façon incomplète celui d'une fédération !

- Mais alors, demande Guillaume, la présence simultanée d'une Fédération nationale et d'une Chambre de métiers était-elle justifiée ? Est-ce que cela n'allait pas générer des conflits d'intérêt et une double peine pour les artisans en matière de cotisations ?

- Si, évidemment. Quand une Fédération effectue quasiment le travail d'une Chambre de métiers, cela devrait constituer une raison suffisante pour ne pas en créer une quand on sait qu'elle va faire double emploi ! On risquait fort de tomber dans le travers politique bien connu du « *Diviser pour mieux régner* ».

Pour éviter ces risque de doublon, certains pays ont donné aux Fédérations d'artisans le statut d'utilité publique pour qu'elles puissent jouer officiellement le rôle de Chambres consulaires, malgré leur caractère privé, et ils ont fait l'économie de ces dernières.

- Le Mali est tombé dans ce travers, demande Guillaume ?

- Oui. Malheureusement dirent certains, heureusement d'autres !

J'en ai discuté avec le ministre de l'Artisanat et me souviens qu'il n'y était pas favorable. Mais la pression des bailleurs eut raison de sa résistance et des chambres furent créées, gérées, à ce qu'il me semble. Les anciens dissidents du Projet qui n'avaient pas trouvé leur place dans la Fédération, s'emparèrent de la Chambre, ce qui généra un autre cas de figure intéressant.

La réforme des Chambres de métiers en Mauritanie

En Mauritanie, j'ai participé à une importante mission PNUD BIT de remise à plat des statuts des deux Chambres de métiers existantes qui ne fonctionnaient pas bien. La première destinée aux hommes et la seconde aux femmes, relevant tous des métiers traditionnels, ou, en d'autres termes, de la *caste des* forgerons, soit des artisans considérés comme légitimes, culturellement, pour occuper les postes de direction au sein des bureaux des Chambres dont ils verrouillaient les portes de l'intérieur. De ce fait, les artisans du secteur moderne n'y trouvaient pas leur place, ou alors de façon très marginale.

Réformer les deux Chambres pour permettre à ces derniers d'y jouer le rôle qui leur revenait relevait du défi. La tâche fut énorme et je m'y attaquai avec l'intérêt que l'on peut imaginer. Je fis équipe avec un consultant mauritanien, *Brahim ould N'D*[15] qui travaillait à la Direction de l'artisanat. Notre première embûche vint du fait que les *bijoutiers et forgerons de caste* revendiquaient le bénéfice exclusif des appuis apportés au titre de l'artisanat, car selon leur entendement, les artisans c'étaient eux, même si la plupart d'entre eux n'exerçaient plus d'activités artisanales depuis des lustres.

Ils avaient pris le contrôle des anciennes *Chambres* et comptaient bien le conserver.

Conscients de la situation, et sachant que nous marchions sur des œufs, nous imaginâmes un projet de réforme qui permettrait aux artisans du secteur moderne, en grande majorité noirs, de s'engager pleinement dans leur gestion. À travers elles, ils pourraient alors s'impliquer dans le développement et l'organisation du secteur artisanal. La bataille fut rude, au point qu'un jour, le directeur de l'artisanat claqua la porte d'une réunion face à la mauvaise volonté des artisans traditionnels. Lesquels, pour défendre leur cause, avaient amené un avocat qui ne s'exprimait qu'en arabe, afin de bien camper les enjeux.

Notre projet prévoyait de créer une Chambre par grande filière professionnelle, dont une pour les forgerons et une pour les femmes, qui auraient vocation à intégrer à moyen terme les différentes Chambres. Une proposition osée, voire *haram*[45], dans le contexte local ! Lors d'un retour à Nouakchott, après quelques semaines pendant lesquelles les plus réticents avaient envoyé des lettres au ministre de l'Artisanat pour dénoncer le complot mené par notre duo de *consultants assassins*, nous fûmes convoqués par ledit ministre. Il me laissa expliquer ce qu'il en était de notre projet pendant près d'un quart d'heure, puis il prit la parole à son tour et nous assura de sa confiance, expliquant qu'il avait parfaitement compris l'enjeu de la situation. Son appui apporta du baume aux cœurs des prétendus fauteurs de troubles que nous étions supposés être ! Il nous resta à organiser le vote de la loi que le ministre avait pris l'habitude d'appeler, *la réforme Silvestre*, et pour ce faire, mon collègue prit les choses en main.

Il loua la grande salle de l'Assemblée nationale, ce qui conféra à la réunion un caractère politique indéniable, distribua des cartes

---

[45] Haram : illégal, illicite, interdit, en arabe et dans le monde musulman.

d'invitation à qui de droit, et fit savoir que personne n'entrerait sans carte dans la salle. Deux séances furent planifiées, la première ouverte, avec les invités officiels, la seconde, après évacuation totale de la salle, réservée aux artisans en activité porteurs de cartes d'invitation. Pendant la pause, un vieux responsable de l'ancienne chambre vint pleurer dans mes bras, serra fortement ma main dans les siennes, et me glissa dans l'oreille qu'il comptait sur moi pour qu'il y ait deux Chambres pour les forgerons. Peine perdue ! Plusieurs Chambres furent créées ce jour-là, dont une seule pour ses amis forgerons, une pour les femmes, et trois pour les métiers modernes. La réforme n'a pas atteint malheureusement les objectifs attendus car les pressions furent telles, me suis-je fait dire quelques temps plus tard, que seules deux chambres furent créées.

Des Chambres de métier au Bénin ?

Pour compliquer un peu plus la situation de la *Fédération nationale des artisans du Bénin* (FENAB) qui se relevait difficilement de sa création hâtive et de l'affaiblissement des anciennes fédérations corporatives, le ministère compétent lança l'idée de la création de *Chambres de métiers*, entrant ainsi de plain-pied dans la contradiction que nous venons d'évoquer. Ce projet était défendu par une poignée d'agents des directions techniques concernées qui, pour mieux en cerner les tenants et les aboutissants, avaient fait un voyage d'études au Sénégal où les *Chambres de métiers* leur avaient été présentées à travers leurs textes fondateurs, et non au vu de la réalité de leur fonctionnement !

Autant dire qu'ils surfaient sur des idées théoriques qui ne pouvaient guère les aider à aborder par le bon bout la problématique de création de *Chambres de métiers* au Bénin.

J'ai participé avec deux collègues consultants *Jean Claude W[16]* et *Jorge C[17]* à une mission BIT PNUD en vue de la création d'une ou plusieurs Chambres en même temps que du renforcement de la FENAB. Ils furent chargés des Chambres, et moi, de la *FENAB*. Il s'agissait d'en planifier la structuration selon un principe pyramidal, en précisant les rôles et fonctions des acteurs et des anciennes associations. J'organisai avec les animateurs du BAA[46] une série de réunions dans les régions pour sensibiliser les membres des organisations de base sur le principe de la restructuration de la FENAB et la nécessité de remettre à plat son mode de fonctionnement. *Cyr D*, le patron du BAA, pilota lors des mois qui suivirent le processus avec succès à travers tout le pays et réussit à renforcer les structures de base de la Fédération. De leur côté, mes collègues tentèrent de ralentir les ardeurs créatives des responsables de la direction technique du ministère en charge du projet de création de Chambres de métier.

Ils ont mis en avant les risques de doublon entre l'actuelle Fédération nationale, les associations corporatives historiques, et les futures Chambres de métiers.

Trois ou quatre dans l'esprit des acteurs locaux, plus intéressés de toute évidence par le processus de leur création que par leur réelle utilité. Pour finir, le principe de la création d'une seule Chambre a été retenu, dans la capitale, Cotonou. Un moindre mal !

---

[46] Bureau d'appui aux artisans (Coopération suisse)

Chapitre 4
Le renforcement de l'apprentissage

Nous abordons ici un thème qui m'est très cher, au regard de ce que j'ai réalisé dans ce domaine avant de travailler dans les Projets du BIT pendant 20 ans. Il s'agit de l'*apprentissage*, vu sous l'angle de sa rénovation, ou *modernisation*. Comme pour le thème précédent, prenons le temps d'une rapide présentation du contexte et de la problématique :

1. L'apprentissage se déroule au sein du secteur artisanal qui constitue, on l'a dit, une entité sociale forte et, de fait, un État dans l'État, avec une certaine ambiguïté dans la mesure où ledit secteur, s'il s'apparente aux grandes corporations d'autrefois, l'est plus du point de vue social que professionnel, ou organisationnel. Les apprentis y sont légion. Ils se comptent en dizaine de milliers, cooptés par leurs pères et des patrons d'ateliers ou de micros entreprises

2. La durée de l'apprentissage n'est pas fixée au départ (sauf au Bénin et Togo) et les jeunes peuvent rester plus de dix ans avec un statut indécis, en l'absence de considération sociale et professionnelle.

3. La formation des apprentis est essentiellement pratique selon le principe dit d'*observation*, ce qui les prive des connaissances théoriques nécessaires à l'acquisition de compétences pleines. Leurs patrons ne jouent pas leur rôle de maîtres d'apprentissage (maîtres artisans) comme c'était le cas autrefois (ou au Bénin et au Togo)

4. De ce fait, les postes au sein de l'entreprise, ne sont pas hiérarchisés et structurés, ni inscrits dans une dynamique de valorisation des compétences.

> 5. Les Projets de développement concentrent leurs appuis sur les seuls apprentis qu'ils poussent souvent à sortir du secteur, ce qui est à la fois trop rapide et déstructurant pour ledit secteur.
> 6. Ces Projets gagneraient à se concentrer sur des appuis intégrés qui renforceraient tant les patrons que leurs apprentis, tout en contribuant à la structuration du secteur.

En 1977, j'avais décidé de partir quelques mois dans une entreprise de bâtiment pour renforcer l'atelier de menuiserie que j'avais créé avec un ami. Interpellé par un encart publicitaire dans la revue *Afrique Asie* sur *L'Entreprise des Travaux Touristiques,* qui travaillait avec l'architecte français *Fernand Pouillon*, j'ai opté pour l'Algérie. Le directeur m'invita à Alger et me proposa un poste de chef de travaux pour la construction de l'hôtel d'In Salah, une ville du Sud très isolée qui n'a le charme ni de Djanet, où j'espérais aller, ni de Tamanrasset. Pour finir, j'ai choisi une autre offre qui me vint de Mauritanie.

- C'est dommage que vous vous soyez privé d'un travail avec *Pouillon*, dont vous me parlez avec passion, dit Guillaume.

J'ai vu, lors de mes recherches, les résidences qu'il a construites à Alger, pour l'administration française, et certains complexes touristiques pour le gouvernement algérien entre 1967 et 1982, quand celui-ci l'invita à travailler en Algérie. Sans compter ses réalisations à Marseille et sa région !

- C'est vrai ! Je le regrette un peu aujourd'hui, car en 1977 il était à l'apogée de son parcours et j'aurais pu devenir son élève !

J'avais suivi des cours d'architecture à l'ESTP[47] et travailler auprès de Pouillon m'aurait permis d'enrichir conséquemment mes compétences. Pour finir je suis parti dans les sables de Mauritanie où j'ai été recruté par l'une des deux plus grandes entreprises de bâtiment, la SOMACO TP, dont le propriétaire était un homme d'affaires mauritanien, transporteur et syndicaliste engagé. La direction technique était assurée par un ingénieur français et l'un des chantiers de l'époque était géré par de jeunes Européens. L'autre, dont j'eus la responsabilité, concernait l'extension de l'hôpital national, dans un contexte un peu particulier, lié au fait que mes prédécesseurs avaient tous démissionné ou quitté le chantier et l'entreprise sans prévenir. J'y ai passé un an et demi, d'abord seul, puis associé à un collègue américain francophone. Nous avons travaillé avec cinq ou six chefs de chantiers d'origine sénégalaise, et plus de deux cents ouvriers. Ce fut pour moi une expérience très forte, tant du point de vue professionnel qu'humain et social.

Le chantier fut difficile, les compétences manquaient et la qualité du travail s'en ressentait. D'autant plus que construire un hôpital n'est pas chose facile, notamment les bâtiments de chirurgie. Sur la poignée de chefs de chantiers présents, un seul était exigeant et avait des résultats en phase avec les attentes du contrôleur de la *Banque mondiale*, bailleur du Projet. J'eus l'occasion de visiter dans les quartiers de la capitale, des travaux que ces chefs de chantier réalisaient pour leur propre compte et je constatai à chaque fois qu'ils étaient mal tenus et que la qualité de leur travail laissait à désirer.

---

[47] ESTP : École Spéciale des Travaux Publics, Paris.

J'en déduis que la rigueur, l'efficacité et le rendement dont ils faisaient preuve sur le chantier de l'hôpital ne faisaient pas école et que nous prêchions dans le vide.

Ces maçons ne s'inscrivaient pas dans une *démarche qualité* et cela me mis mal à l'aise au regard de la qualité du travail qu'ils réalisaient sur notre chantier. Je n'en compris pas la raison à l'époque, mais aujourd'hui, avec le recul, je peux évoquer l'éternelle et triste réalité de la demande du marché qui tire le prix vers le bas, en même temps que la qualité. Jusque dans le secteur du bâtiment, la stratégie du *moins cher* était de mise ! L'entreprise sous-traitait à des petites ou moyennes entreprises locales les travaux de carrelage, peinture, vitrerie, et je me rendis compte que celles-ci utilisaient une main-d'œuvre très jeune. Je m'en inquiétai auprès d'un chef de chantier qui m'expliqua qu'il s'agissait d'apprentis.

- En fait, vous veniez de toucher du doigt, sans en être conscient, dit Guillaume, l'univers du secteur informel et de l'apprentissage.

- Oui, et ce n'est que quelques années plus tard que j'en prendrai réellement conscience, en travaillant dans les Projets du BIT. Ce sont ces jeunes dans les entreprises qui me donnèrent envie de réaliser, après avoir quitté la SOMACO TP et la Mauritanie, un documentaire sur la formation des enfants en dehors de l'école.

Le film sur les apprentis

J'avais gardé d'un week-end passé dans le désert, au sud de Nouakchott, au sein d'une famille maure, le goût amer de l'esclavage, dont j'avais été témoin, dans sa dimension moderne, familiale, sociale et économique.

À mon retour en France, j'eus envie d'en parler, d'en rendre compte, et de réaliser un documentaire à charge sur le sujet. Il me fallait parfaire ma formation de réalisateur et le hasard se chargea de mettre sur ma route l'homme qui allait devenir mon mentor.

- Qui donc, demande Guillaume ?

- *Gerald B[18]* un réalisateur canadien installé en France, dont je suivis le stage de formation en vidéo légère au CNAM[48].

Dans mes recherches de fonds, j'ai rencontré plusieurs personnes au ministère de la Coopération qui m'ouvrirent les yeux sur les thèmes dont j'avais pris conscience en Mauritanie : l'artisanat, la formation des jeunes, l'apprentissage. Plus mes recherches avancèrent, plus je m'éloignai du sujet de l'esclavage, dont le traitement eut dû être essentiellement journalistique, ce qui n'était pas dans mes priorités. Peut-être eus je peur de m'attaquer à la question de l'esclavage, un sujet très sensible s'il en est ? Un tel travail ne pouvant se faire autrement que clandestinement. Je poursuivis la réflexion sur le thème du film avec *Dominique G[19]*, une amie qui souhaitait s'investir dans le documentaire, et nous abandonnâmes l'idée de l'esclavage au profit de *la formation des jeunes en dehors du système scolaire*. Nous avons intitulé notre travail « *L'école des autres* ».

La Coopération française nous encouragea, à travers divers services techniques, qui, chacun à sa façon, nous fournirent des documents et contributions utiles au montage de notre projet.

---

[48] Le Centre National des Arts et Métiers, à Paris.

Un des moments clés de la phase de préparation du tournage fut la lecture que je fis de l'étude de *Patricia Greenfield et Jean Lave*[49] sur le *secteur artisanal et informel* qui m'ouvrit les yeux sur l'apprentissage et sur le fait qu'en Afrique de l'Ouest, il se fait par *observation*, en l'absence de démarche pédagogique des patrons. Voici ce que dit l'étude : « *L'éducation qui repose fondamentalement sur l'observation et l'imitation par l'élève peut être la façon la plus efficace d'apprendre une tâche donnée, mais la moins efficace de transfert vers une nouvelle tâche.* »

À notre arrivée au Sénégal, pour les repérages, nous identifiâmes des secteurs où tourner : *Rebeus*, un quartier de Dakar où fourmillent des garagistes du secteur informel, puis en Mauritanie, la plage de Nouakchott. Le tournage proprement dit démarra six mois plus tard. Nous passâmes près de cinq mois sur le terrain, entre Dakar et Nouakchott, et réalisâmes deux documentaires. En débarquant dans le quartier *Rebeus* de Dakar, et après nos premières rencontres de jeunes apprentis, je compris que je tenais le sujet d'un documentaire qui ferait date, mais n'imaginai pas, à ce moment, que trente ans plus tard, je travaillerais sur ce thème pour le BIT !

Nous avons rapporté plus de dix heures de *rushs*[50], pour un montage final de vingt-deux minutes intitulé « *Wacc raxasu* » ce qui, en wolof, veut dire littéralement : *À la descente du travail, tu vas te laver*. Le film commence dans une école où le maître pose une question aux élèves sur la signification de *Wacc raxasu*.

---

[49] Cf Recherche pédagogie et culture vol VIII n°44 : Enfants d'Afrique, enfants des îles : Aspects cognitifs de l'éducation non scolaire.
[50] Ensemble des séquences et images tournés.

L'un d'eux répond :

- « *Ce sont les petits apprentis que l'on appelle comme ça, car à la descente ils sont sales et ils doivent aller se laver* ».

À la même question posée dans un atelier, un apprenti répond :

- « *Les gens nous appellent comme ça car ils disent que nous sommes sales. Ils ne nous considèrent pas. Ils considèrent plus les élèves que nous. Si on s'assoit dans un bus à côté d'eux, ils vont nous écarter et dire qu'on les contamine !* »

Nous avons consacré de nombreuses heures à discuter avec des ouvriers et des apprentis et tourné quelques séquences mémorables, dont une scène de fiction un peu chaude qui fit dire à un agent de la Direction de l'artisanat qu'elle risquait de provoquer une grève générale dans le pays si le film devait être projeté à la télévision nationale[51] ! Il s'agissait d'un petit mouvement de grève des apprentis qui revendiquaient plus de considération de la part du ministère et de la société. Nous fûmes très surpris de voir à quel point ils entrèrent spontanément et sans aucune recommandation de notre part dans le vif du sujet jusqu'à évoquer le fait que les gens les regardaient de travers dans la rue et se moquaient de leurs vêtements.

Le jeune apprenti mécanicien que nous avions pris comme acteur principal lança cette phrase aussi forte qu'inattendue : « *Nu dem keur ministre du travail* - On va chez le ministre du Travail ! » La scène se termine avec le départ des apprentis poings levés ! Lors d'une projection des rushs dans le bureau du Directeur de l'artisanat, *Papa K*[20], fit cette réflexion : « *À secteur informel, il faut une réponse informelle.* »

---

[51] Il le sera quelques mois plus tard mais heureusement sans provoquer de grève.

Il y a dans cette formule, une grande clairvoyance que ne partagent pas, malheureusement, la plupart de ses successeurs qui, aujourd'hui encore, échafaudent des réponses formelles, académiques, et bien souvent, décalées de la réalité du secteur. Nous avons travaillé avec *Denyse de S[21]*, directrice de la revue *Recherche, Pédagogie et Culture*[52], qui nous commanda un article sur la formation des jeunes en dehors de l'école classique. Celui-ci fit tache d'huile, si on peut dire, quand on sait qu'il s'agissait de mécaniciens ! J'écrivis ce texte en forme de *manifeste pour la rénovation de l'apprentissage*, avec un ensemble de propositions à la clé qui s'avérèrent utiles pour nombre d'acteurs du Développement dans les années qui suivirent.

Charme de la vie de consultant

J'ai vécu une petite aventure assez surréaliste à propos de cette revue, trente ans après sa publication, lors d'une mission au Rwanda en 1998. J'y visitais un centre de formation professionnelle géré par les *Salésiens*, des religieux belges spécialisés dans ce domaine, au cœur de Kigali. Tout avait été pillé ou vandalisé pendant le génocide de 1995, petites machines, moteurs des plus grosses qui n'avaient pu être enlevées. Un vrai cauchemar ! Le directeur me fit visiter la bibliothèque, fermée par une énorme porte vitrée qui l'avait sauvée du pillage. Avant qu'il n'ait le temps de l'ouvrir, je vis par terre, derrière la porte, le numéro de *Recherche Pédagogie et Culture* qui contenait mon article. Je l'ai ramassé, dépoussiéré, ouvert à la page du texte et remis au directeur qui n'en crut pas ses yeux. Moi non plus d'ailleurs.

---

[52] Publiée dans les années 70/80 par l'AUDECAM

Des agents du ministère de la Coopération achetèrent les rushs du film qu'ils trouvaient intéressants pour préparer les futurs coopérants à intervenir dans le monde de l'artisanat et de la formation technique avec en tête certains aspects sociaux et culturels concrets. Il y a notamment dans ces rushs un plan séquence de près de cinq minutes où l'on voit notre jeune acteur, et non moins apprenti, penché sur le moteur d'une voiture, à qui je demandai s'il connaissait les quatre temps du moteur. Il me répondit, avec un certain allant : « *Oui, je sais »*, mais les cita dans un désordre qui montra qu'il n'en maîtrisait pas le séquencement !

Cette séquence conforte le constat selon lequel la *formation par observation*, sans contrepartie théorique, prive l'apprenti des savoirs indispensables à l'acquisition de compétences pleines. La maîtrise théorique d'une technologie donnée, dans le cas présent la mécanique moteur, permet de ne pas rester bloqué sur un moteur que l'on connaît pour avoir travaillé dessus, mais au contraire de pouvoir travailler sur d'autres modèles, sachant qu'ils relèvent tous des mêmes principes, à quelques détails près, et de savoir qu'ils sont donc réparables avec les mêmes compétences.

D'où le concept de *transfert* évoqué par les deux auteurs de l'étude citée plus haut. Dans cette séquence, notre apprenti mit le doigt sur le cœur de la problématique de son apprentissage.

Je montrai un jour ces rushs à un ami maçon français qui me fit remarquer que ces jeunes Africains étaient manifestement différents des Français du même âge et me fit le commentaire suivant : « *Ici, un ado comme celui du film décrirait correctement le principe des quatre temps du moteur, mais il serait incapable de le démonter et plus encore de le remonter.*

Dans ton film, on voit que si le jeune maîtrise mal la théorie, il est en revanche capable de travailler sur le moteur et de le remonter. »

- Je comprends pourquoi le département du ministère de la Coopération qui préparait les coopérants au départ était intéressé par cette séquence, conclut Guillaume.

- Elle est très utile du point de vue pédagogique, en effet, car elle permet à des formateurs de mieux appréhender l'environnement culturel et intellectuel de leurs futurs élèves africains.

Elle les aide à peaufiner leur approche pédagogique pour mieux l'adapter au contexte local. L'interprétation que l'on peut faire de cette scène traduit dans les faits le raisonnement sociologique selon lequel *toute action de formation est intimement intégrée dans un système de valeurs, et que celui qui en bénéficie est d'autant plus réceptif quand il relève du même système.* Cette conditionnalité, on l'aura compris, n'est pas le cas dans la relation entre ces jeunes apprentis et d'éventuels coopérants européens fraîchement débarqués en Afrique et peu sensibilisés au contexte local. Ces derniers ont besoin de voir et de comprendre de telles séquences filmées pour mieux appréhender la réalité sociale et culturelle des jeunes qu'ils seront amenés à former. Notre article servit de sujet pour le baccalauréat en Mauritanie et de référence pour un Projet de *Terre des Hommes France* au Sénégal dont les responsables montèrent un programme de renforcement des apprentis selon le principe développé dans l'article : alternance de façon périodique entre les ateliers et un lieu de formation avec apports théoriques dans ce dernier. Mais n'ayant ni vocation ni moyens à développer ce type de formation dans la durée, ils mirent l'accent sur l'accompagnement des jeunes vers l'emploi après leur formation et ne renouvelèrent pas l'expérience, malheureusement. Il aurait fallu que l'expérience soit partagée avec les services compétents[53] pour que ces derniers s'en approprient le principe. Nous avons rapporté quelques perles de ce tournage, comme cette phrase sortie de la bouche de notre jeune acteur lors d'un enregistrement audio à propos d'un autre apprenti de son âge : « *Celui-là, il peut démonter, mais il ne peut pas remonter !* »

Certains patrons s'avérèrent tout à fait conscients de cette lacune dans la formation de leurs apprentis. La preuve en est que l'un d'eux nous servit sur un plateau la phrase que je considère, depuis lors, comme la clé de voûte de la problématique du système de formation.

- « *Nous qui sommes leurs patrons, nous ne leur apprenons que la pratique, car nous-mêmes nous avons appris la pratique seulement. La théorie ils peuvent l'apprendre à l'école.* »

Tout est dit dans cette phrase qui résume parfaitement la situation et devrait servir de référence à tous les intervenants du secteur. Elle deviendra dix ans plus tard mon leitmotiv dans mon travail sur la rénovation de l'apprentissage au BIT. Cette parole du garagiste de Rebeus témoigne, en arrière-plan, d'un autre aspect structurel ou fondateur du secteur artisanal, que l'on néglige trop souvent : son homogénéité, la solidarité qui existe entre les familles et les artisans, les liens entre les patrons et les apprentis, le rôle des premiers vis-à-vis des seconds. Un rôle qu'ils assument mal, certes, je l'ai dit plus haut, un rôle qui s'est perdu au fil des années, si l'on compare ces maîtres artisans du 20e siècle à leurs homologues des corporations du 18e siècle, mais qui existe quand même, ne serait-ce que dans la mémoire des anciens.

---

[53] Ce qui est rarement le cas des ONG qui travaillent en dehors du SFP

Il y a dans ce microcosme qui compte 90 % de la main-d'œuvre urbaine, une odeur de corporations des siècles passés, en effet. L'esprit des *compagnons*, maîtres et apprentis flotte sur le secteur ! Il ne manque que les chefs-d'œuvre, les grandes réalisations artisanales en bois ou métal, charpentes, meubles, grilles, etc. Les Sénégalais qui vécurent la période de construction de la ville de Dakar, gardèrent longtemps en mémoire ce mot de *compagnon* que l'on donna aux ouvriers de l'époque. Si cette réalité sociale, économique et historique, avait été perçue par les développeurs dans les années 60, 70, la problématique du développement du secteur de l'artisanat et de la transmission des savoirs et savoir-faire en son sein, aurait sans nul doute gagné en cohérence et en efficacité ! Et si elle l'était aujourd'hui, il serait possible d'imaginer des mécanismes de formation à même de toucher la quasi-totalité des acteurs du secteur artisanal, là où les structures officielles n'en touchent qu'une poignée.

Le film sur les jeunes pêcheurs, à Nouakchott

Réalisé comme celui sur les apprentis mécaniciens, sur le thème de *la formation en dehors des systèmes scolaires classiques*, le film sur les jeunes pêcheurs en Mauritanie eut pour objectif de proposer un mécanisme qui permette de compléter leur formation avec des apports théoriques lors de séances régulières organisées en dehors des jours de sortie en mer. Ce tournage nous permit de rencontrer un vieux pêcheur averti qui nous offrit quelques éléments clés sur le monde des pêcheurs, la difficulté que l'on a à les comprendre, et ce qui pourrait être fait pour leur permettre de grandir décemment dans leur travail, avec un complément scolaire, dans l'esprit de l'alternance.

Extraits de l'interview du vieux pêcheur :

- « *Les enfants suivent la trace de leurs parents en apprenant le dur métier de pêcheur, tout d'abord sur la plage puis en mer, dès l'âge de treize ou quatorze ans. Malheureusement ils décrochent de l'école par la même occasion et se retrouvent donc illettrés, incapables comme leurs pères de s'assumer. Voyez-vous, le pêcheur il a l'amour de ce qu'il fait. Je vous ai dit tout de suite que l'on ne fait bien que ce qu'on a l'amour de faire. Le pêcheur préfère vivre en mer que vivre sur terre. Le contact avec la mer lui procure un certain plaisir, il a une sensation d'être dans un autre monde, d'être supérieur aux êtres humains qui vivent sur terre. C'est ce qui fait cette famille de pêcheurs groupés autour d'un même idéal, la pêche, et ils ont l'amour de la pêche. Le pêcheur il est vaniteux, orgueilleux, tout son trésor c'est sa barque, son moteur, ses filets et ses fils[54].*

Quand il est en habit il se dit : « Tiens, j'ai ma carte d'identité sur moi ». L'enfant à sa naissance, le deuxième jour de son baptême, on l'amène à la mer, on le plonge dans la mer...

Nous, nous sommes dans la pêche artisanale, nous ne croyons pas à une autre pêche parce que quand nous nous sommes aventurés dans la pêche industrielle, nous nous sommes rendu compte qu'au bout d'un certain temps il n'y a plus de poissons, tandis qu'avec la pêche artisanale, celui-là avec sa ligne, celui-là avec ses filets, nous laissons le petit poisson grandir et nous prenons le grand poisson. Tandis qu'avec la pêche industrielle on ramasse tout. Le gouvernement ne peut pas nous aider là-dessus, enfin, je ne sais pas, il y a quelque chose qui ne va pas là-dedans.

Ou il n'est pas pêcheur, ou il n'a pas questionné les pêcheurs. Le pêcheur il a besoin d'être étudié, d'être compris, d'être vu, parce qu'il a un langage différent des autres, parce qu'il est dans un monde différent des autres. Le pêcheur est un poisson. Il faut connaître le langage des poissons. »

---

[54] Cordes

Tout cela appelle à mener des actions prudemment, après concertation, sans apriori, en associant les vieux, et en prenant en compte la nécessité d'une formation théorique et scolaire alternée, comme avec les artisans. Nous avions dans l'idée de monter un projet de formation des jeunes pêcheurs fondés sur des principes semblables à ceux que nous avions proposés pour les apprentis du secteur artisanal, avec une alternance entre la mer et un local sur la plage ou en ville, pour des formations complémentaires.

Les documentaires réalisés pour Enda

Après avoir créé l'atelier audiovisuel d'*Enda*[55] à Dakar, je réalisai plusieurs films documentaires au Sénégal, au Mali et au Bénin.

Ils me donnèrent eux-aussi l'occasion d'acquérir de nouvelles connaissances qui s'avérèrent très utiles peu de temps après, quand je devins Chef de Projet pour le BIT. Au Bénin, je réalisai un documentaire sur les activités de l'*Équipe Jeunesse action Enda*[56] Cotonou auprès des jeunes de la rue, et j'en profitai pour tourner une séquence sur la fabrication d'une lampe à pétrole par un jeune artisan qui utilisait une ampoule électrique dont le bol de verre renversé servait de récipient pour le pétrole et la douille percée de réceptacle pour la mèche.

J'eus alors dans l'idée de faire de ce très court métrage un témoignage sur la capacité des jeunes à mener des *activités génératrices de revenus* (AGR), ce que de nombreux Projets de développement encouragèrent plus tard au titre de l'insertion des jeunes.

---

[55] Enda TM. Association internationale à but non lucratif.
[56] Qui finança le matériel de l'atelier audiovisuel. Merci à ses responsables !

Au Mali, je tournai un film sur les jeunes de la rue, également, qui me donna l'occasion d'observer la stratégie de l'équipe *Jeunesse action Enda Bamako* en matière d'appui aux apprentis, laquelle, je dois le dire, ne me sembla pas aller dans le bon sens. Elle consistait à former brièvement des apprentis, à leur donner un vague certificat d'aptitude, puis des outils, destinés soit à une installation à leur compte, aussi improbable que prématurée, soit à être apportés chez leurs patrons. Dans la majorité des cas, ceux-ci n'en n'avaient pas d'équivalents, ce qui déstabilisait leur relation avec leurs apprentis. Autant dire que tout cela n'allait pas dans le sens du renforcement du secteur.

Pour la SODEFITEX[57], je réalisai un documentaire sur la filière coton au Sénégal et me rendis au Mali pour visiter le réseau des *caisses associatives d'épargne et de crédit* en milieu paysan, *Kafo Jiginew*.

Cette rencontre s'avèrera cruciale quand, deux ans plus tard, je fus amené à créer une caisse associative semblable pour les artisans, avec le Projet BIT/SNS.

Le renforcement de l'apprentissage

Il s'agit d'une problématique majeure qui nécessite une bonne observation du terrain, des relations entre les patrons, entre les familles et les jeunes, et de l'organisation des espaces de travail. Cela sans perdre de vue la dichotomie entre *les artisanats traditionnel* et *moderne* qui présentent des caractéristiques sociales et organisationnelles différentes, notamment au regard des modes de transmission des savoirs.

---

[57] Société de développement des fibres textiles.

La formation dans le secteur traditionnel

Les artisans du secteur traditionnel appartiennent pour la plupart à la caste des forgerons, fondeurs, potières[58], bijoutiers. Chez ces derniers, la transmission des compétences fonctionne essentiellement, et spontanément, pourrait-on dire, entre pères et fils, mères et filles.

Denise M[22], qui réalisa un travail exemplaire au Burkina Faso, à Tchériba, pour ouvrir des potières traditionnelles à des productions plus urbaines, modernes, sans perturber l'ordre des choses dans leurs méthodes de travail et de cuisson, m'expliqua lors comment les petites filles apprennent à travailler la terre, par le seul biais de l'observation, assises à côté de leurs mères. Elles font d'abord les basses besognes puis entrent progressivement dans le processus de fabrication, en répétant les gestes de leurs mère et tantes. Sans commentaires ni explications particulières, théoriques de la part de ces dernières. Et petit à petit, elles passent aux taches plus difficiles, jusqu'à être capables de fabriquer elles-mêmes les pots et canaris.

- Quand elle demanda aux potières de détruire des objets qu'elles venaient de fabriquer à titre d'exercice et qui n'avaient pas été cuits, Denise se trouva confrontée à un refus catégorique de leur part. Pour elles, toute pièce travaillée devait aboutir à un produit fini et vendable !

- C'est très intéressant cette réaction car ça démontre tant leur attachement à la terre, et à travers celle-ci, à la poterie, que cette absence de démarche pédagogique qui passe par le « *démonter remonter pour apprendre* », dit Guillaume.

---

[58] Les femmes des forgerons

On retrouve ce même réflexe chez des potières traditionnelles quand *Boubacar D H[23]*, un jeune formateur nigérien venu animer un stage à Podor, au Sénégal, leur demanda de couper en deux des pots qu'elles venaient de fabriquer. Il essuya un refus tout aussi catégorique !

- En fait, pour ces potières, le concept d'exercice exclusivement pédagogique est totalement incongru, dit Guillaume !

- Tu as tout compris. Une pièce tournée doit être finie et vendue.

J'ai moi-même vécu une situation semblable avec des réparateurs de mobylettes de Ouagadougou que j'ai mis en situation de formateurs (maîtres formateurs) face à des apprentis, lors d'une action de renforcement de l'apprentissage par l'alternance entre l'atelier et un lieu de formation plus théorique. Nous y reviendrons plus loin.

Dans les métiers de *l'artisanat dit moderne*, la relation filiale est moins présente que dans *l'artisanat traditionnel*, même si la présence de l'apprenti dans un atelier relève souvent d'une relation amicale entre son patron et son père. La différence est plus dans à rechercher dans les modes de transmission des savoirs et compétences, on va le voir.

Au regard de l'histoire du compagnonnage et des grandes corporations d'où sortirent les meilleurs ouvriers du monde, les secteurs artisanaux d'aujourd'hui n'en sont pas si loin qu'on pourrait le croire et peuvent être vus comme de véritables opportunités de formation des jeunes via *un apprentissage modernisé*. Pour peu que l'on cesse de ne penser qu'aux cursus formels et aux diplômes et que l'on accepte l'idée que les choses peuvent se passer au sein même du secteur avec des apports extérieurs. Sachant par ailleurs que le système formel de formation professionnelle a une capacité limitée en termes d'accueil des jeunes en mal de formation.

Le rôle perdu des maîtres artisans

Les patrons, qui devraient jouer le rôle de *maîtres d'apprentissage*, ont perdu la main, il est vrai, et nombre d'entre eux ne le seront jamais, notamment les vieux. N'oublions pas cette phrase qui résume cette situation. « *Nous qui sommes leurs patrons, nous ne pouvons leur apprendre que la pratique, car nous-mêmes nous n'avons appris que la pratique. La théorie ils peuvent l'apprendre à l'école.* »

Ce constat assez dramatique, diront certains, ne doit pas être considéré comme irrémédiable et d'autres, plus jeunes, pourront acquérir la vocation de maître d'apprentissage et former leurs apprentis. L'expérience montre qu'ils peuvent être formés pour cela, même sur le tard, et surtout que les apprentis bien formés aujourd'hui deviendront demain de bons maîtres formateurs. Quant aux apprentis proprement dits, il nous revient de les identifier, de les sensibiliser, de les mettre à la tâche, de faire d'eux des références dans leurs ateliers respectifs, à chaque étape de la hiérarchie, de l'apprenti au patron, via l'ouvrier salarié, le chef d'atelier, le sous patron (au Bénin), et ce, sans les sortir prématurément des ateliers.

En ce qui concerne *l'école* dont parle le mécanicien de Rebeus, qui pallie l'incapacité des patrons, rappelons-le, il s'agit des structures de formation existantes formelles, publiques et privées, qui peuvent être utilisées, sachant qu'elles ont très souvent des périodes creuses dans leur programmation. Voire, pour certaines, mission de faire de la *formation continue*, donc de former des petits entrepreneurs et artisans en activité. Ce qui est le cas des apprentis. Mais la mise en œuvre de ce type de formations n'est guère prisée par les directeurs des centres qui leur préfèrent les formations initiales plus rentables.

D'autres structures (ateliers privés, salles publiques ou associatives, hangars, locaux associatifs et autres) peuvent également héberger les formations complémentaires des apprentis qui ne demandent pas un matériel sophistiqué, notamment si l'on opte pour l'idée chère à *Papa K* : « *À secteur informel il faut des réponses informelles* ».

De nombreux Projets élaborent et/ou proposent des mécanismes de formation des apprentis, basés, trop souvent, sur des considérations théoriques venues du Nord, plus que sur l'observation et la compréhension des contextes socio-économiques locaux dans lesquels évoluent les patrons et leurs apprentis.

Une bonne stratégie de formation des apprentis, autant que de renforcement de l'apprentissage, doit prendre en compte les réalités du terrain et les traduire en éléments de stratégie, tels que :

a. *Le principe de l'alternance (formation duale)* entre l'atelier et le centre de formation.
b. Le *respect des relations entre les patrons et les apprentis*, en termes d'habitudes et de traditions.
c. Le *respect du temps* et d'une *durée moyenne formelle, donc limitée dans le temps*, de la période d'apprentissage.
d. Le *besoin des ateliers de se renforcer de l'intérieur*, avec l'idée d'une *capacitation progressive des apprentis* pour les amener à devenir ouvriers, puis chefs d'équipe ou d'atelier, voire sous patron, et pour finir patron.
e. *Ne pas aller trop vite et sortir les apprentis des ateliers* pour en faire des entrepreneurs/chefs d'ateliers immatures, au détriment, de surcroît, de la structuration du secteur.
f. *Une alternance* avec des *sessions de formation courtes*, périodiques, *hebdomadaires ou mensuelles*, pour ne pas déstabiliser les ateliers.
g. Des *mécanismes de rotation des apprentis* dans un même lieu, par groupe restreint.

h. Des *formations assorties de manuels* pour les formateurs et les apprenants, qu'ils garderont et pourront relire plus tard aux moments opportuns.

Par ce biais, sans se soucier prioritairement de l'obtention d'un diplôme, les apprentis acquerront les compétences nécessaires au bon exercice de leurs métiers. Ils évolueront au sein des ateliers/entreprises, avec, au bout de leurs parcours d'apprentis, puis d'ouvriers/compagnons, la possibilité de s'installer à leur compte et, pour certains, de devenir maîtres d'apprentissage. Les ateliers et entreprises gagneront en efficacité et croissance, et évolueront, pour certain(e)s, vers la PME.

Lors d'une mission au Bénin, j'interrogeai un apprenti photographe qui me raconta que son patron lui faisait effectuer des exercices dont il analysait avec lui les résultats. J'interrogeai ensuite ledit patron qui m'expliqua que lors de son propre apprentissage, son patron lui fit également effectuer des exercices et lui expliqua les choses correctement. À ma question sur le nom de ce dernier, il me répondit : *Lawani* ! Un photographe connu de tous à Cotonou dont les compétences de pédagogue étaient reconnues ! J'eus la preuve que le cercle peut être vertueux si l'on fait ce qu'il faut, ou en d'autres termes, si les patrons effectuent leur travail de maîtres d'apprentissage !

Appui aux patrons
En matière de renforcement de l'apprentissage, il y a un autre défi à relever, qui consiste à aider les patrons à mieux former ou faire former leurs apprentis, à mieux structurer leurs ateliers, et à devenir des *maîtres d'apprentissage*. Dans les trois cas, ce n'est pas simple, pour de multiples raisons.

Vis-à-vis (1) de la formation complémentaires de leurs apprentis, ils sont tributaires des Projets et structures publiques à même de leur proposer des formules appropriées, (2) du développement de leurs entreprises, via, notamment, leur structuration, ils sont pris dans un système complexe fondé dans la majorité des cas sur une occupation aléatoire de l'espace de travail, en l'absence de garantie foncière, assurée, on l'a vu, par leur installation dans un site privé ou *sanctuarisé* (village artisanal, zone d'activité, …), et (3) de leur rôle de maîtres d'apprentissage, qui boosterait le système s'il fonctionnait comme autrefois, force est de reconnaître que dans leur grande majorité les patrons n'ont pas envie de changer. Ils sont trop vieux, ou démotivés. Certains Projets s'y sont attelés, la GTZ, au Sénégal, dans les années 80, le BIT, également, et d'autres, mais la tendance va plus dans le sens d'un court-circuitage du processus avec des appuis proposés aux seuls apprentis, au détriment de leurs patrons. On l'a vu avec le cas des apprentis de Bamako, appuyés par Enda, ou de Saint-Louis, appuyés par un Projet canadien.

Venons-en à quelques expériences constructives.

Appui aux apprentis du Mali

C'est au sein du *Projet BIT/SNS* que je menai mes premières actions significatives au bénéfice d'apprentis en partenariat avec une ONG suisse[59] qui avait initié des formations en alternance entre les ateliers de leurs patrons et un centre de formation, sans produire toutefois des documents pédagogiques écrits pour les soutenir.

---

[59] L'AMAPRO

Cela constitua un problème, du point de vue pédagogique, mais aussi en termes de *Politique de formation professionnelle*[60].

La *Boutique d'appui* prit en charge l'élaboration de manuels techniques et mobilisa des professionnels pour rédiger le premier d'entre eux, en menuiserie bois. Puis un second en menuiserie métallique. Dans le même temps, je demandai aux animateurs du Projet de faire fabriquer des panneaux pédagogiques avec des dessins sur les outils et techniques d'assemblage[61], qu'ils installèrent dans les ateliers où furent organisées les formations d'apprentis. L'idée étant de faire en sorte que ceux-ci évoluent dans un environnement qui leur rappelle à tout moment les bons gestes et les bons outils.

- J'ai vu des photos de ce que vous faisiez, en effet, avec des tableaux qui étaient semble-t-il bien illustrés, dit Guillaume.

- Les manuels furent très bien faits également, avec des illustrations qui permirent aux apprentis de bien comprendre les techniques, les assemblages en menuiserie, les organes des moteurs, et autres. J'espère que la Fédération les a démultipliés et qu'elle en a élaborés de nouveaux, dans d'autres filières de métiers.

Nous verrons plus loin, comment ces manuels ont été utilisés dans d'autres pays, adaptés au contexte local, et utilisés à grande échelle.

Au même moment, le hasard fit que je rencontrai à Ségou un jeune Français mi-routard mi-artisan qui avait fait le compagnonnage. Trouver un compagnon du devoir au moment où je réfléchissais aux contenus des formations à proposer aux apprentis releva du miracle !

---

[60] Voir page 127
[61] Photo de couverture du livre

- Je lui posai alors une foule de questions sur son cursus de formation, et voici ce qu'il me répondit sur un sujet inattendu :

- « *La première chose qu'apprend un apprenti menuisier au début de son cursus, c'est à fabriquer sa caisse à outils. Elle n'est pas très bien faite car il ne maîtrise pas encore les bonnes techniques d'assemblage, mais elle existe, et elle est à lui. Il écrit son nom dessus et ne s'en sépare plus. Il y ajoute quelques outils en bois qu'il apprend à fabriquer par la suite, rabot, trusquin, fausse équerre et autres, selon les régions. C'est son capital !* »

- C'est vraiment intéressant, dit Guillaume. On voit à quel point le compagnonnage a une dimension humaine forte, en même temps que professionnelle, qui consolide les jeunes dans leur démarche et dans la construction de leur personne.

- La formation des *compagnons du devoir* relevait autrefois d'une philosophie et d'une tradition ancestrale. Elle s'achevait par un *tour du pays* dont chaque étape constituait une opportunité de se familiariser avec une technologie distincte propre à la région traversée et aux spécificités des maîtres d'apprentissages qui accueillaient les compagnons. Le compagnonnage, je l'ai dit plus haut, fut le propre des grandes corporations qui disparurent peu après la Révolution française, mais heureusement le concept lui survécu et il existe aujourd'hui deux ou trois organismes de compagnonnage en France[62].

- Voilà donc l'origine des « *Compagnons du devoir* », dit Guillaume !

- J'ai essayé d'inscrire cette pratique au Mali et ai organisé une expérience similaire avec un jeune apprenti de Bandiagara qui est venu

---

[62] Auxquelles on doit l'implication de compagnons dans la restauration de la Cathédrale Notre Dame de Paris

travailler quelques semaines dans l'atelier d'un maître artisan de Bamako. J'ai suivi le déroulement de l'opération et tout se passa bien.

Savez-vous si les responsables de la Fédération ont renouvelé cette expérience, demande Guillaume ?

- Non, malheureusement car j'ai quitté le Mali peu après. Mais je doute qu'ils l'aient renouvelé car c'est très culturel et il aurait fallu en organiser plusieurs pour que le principe entre dans leurs mœurs.

Appuis aux apprentis du Burkina Faso

Dans le Projet BIT de Ouagadougou, la *Boutique d'appui*, je disposais de moyens financiers conséquents pour mener des actions concrètes et efficaces en matière d'apprentissage.

Le hasard joua une nouvelle fois en ma faveur et me déroula un tapis rouge sous les pieds. Un évènement inattendu se produisit quand un jeune formateur en mécanique auto, *Olivier L*[24], débarqua dans mon bureau et me dit qu'il avait une centaine d'apprentis à former mais ne disposait pas des moyens pour le faire.

Il venait d'effectuer la même démarche auprès du *Bureau des artisans*[63], le BA, mais le directeur l'avait renvoyé sous prétexte que cela ne relevait pas de son programme d'action. Il est vrai que les responsables allemands étaient pour le moins structurés et disciplinés, mais à ce point, il fallait vraiment avoir des œillères pour laisser passer une telle opportunité. Il y avait au BA un volontaire autrichien plus ouvert qui prit Olivier à part et lui conseilla d'aller proposer son projet au CTP[64]

---

[63] Coopération allemande à Ouagadougou.
[64] Moi

de la *Boutique d'appui*[65], sûr que ce dernier serait plus à l'écoute de sa demande et intéressé de monter quelque chose avec lui.

- J'imagine que vous étiez ravi de le voir entrer dans votre bureau avec un tel projet en tête, s'exclame Guillaume !

- C'est le moins qu'on puisse dire ! Je l'accueillis à bras ouverts tant le fait de trouver un formateur compétent et motivé pour lancer les premières formations d'apprentis constitua à mes yeux une aubaine.

Je lui donnai aussitôt le manuel de menuiserie rapporté du Mali et lui demandai d'en rédiger un sur la mécanique moteur, selon le même canevas, avec une part conséquente de théorie, et dans l'idée de scinder la formation en deux ou trois sessions annuelles de quelques semaines chacune, réparties, donc, sur deux ou trois ans. Je ne pouvais pas avoir une plus belle opportunité pour lancer un projet pilote de renforcement de l'apprentissage ! La *Boutique d'appui* lui donna les moyens nécessaires pour acheter le matériel pédagogique nécessaire.

Toutes sortes d'outils et pièces détachées, deux vieux moteurs qu'il fit découper au chalumeau pour en faire des *moteurs pédagogiques* (hors de prix si achetés chez les fournisseurs professionnels), et une vieille voiture qu'il désossa pour en rendre les organes accessibles !

En organisant les premières sessions de formation dans un centre public, la *Boutique d'appui* fit d'une pierre deux coups ! Non seulement elle ne fit pas sa petite cuisine dans son coin, mais elle mit cette formation, avec la démarche qui la sous-tendait, à la portée de tous ses partenaires publics et privés, dont la Direction de la formation.

---

[65] Projet du BIT d'appui aux petits producteurs et productrices de Ouagadougou

> **La récompense du CTP !**
>
> Je revis Olivier quinze ans après lors d'une mission. Il me reçut dans l'école de formation qu'il venait de créer dans les locaux de notre ancien Projet où il était assis dans mon bureau. Tout un symbole !
>
> Il me remercia très chaleureusement de l'avoir mis sur les rails et aidé à prendre son envol. Quelques temps plus tard, il construisit une superbe école de formation professionnelle dans un quartier périphérique !

Cette première expérience menée par le Projet BIT fit tache d'huile et permit d'amorcer la concertation entre les Partenaires au Développement sur le renforcement de l'apprentissage au Burkina Faso.

Avec mon ami *Patrick D*[25], responsable du *PAB*[66], nous portâmes le projet à bout de bras, en commençant par mettre en place une *cellule de réflexion/action sur le renforcement de l'apprentissage* qui fit du bon travail dans les mois qui suivirent. Nous étendîmes les expérimentations à nos collègues français et allemands sur cinq disciplines, une pour chacun des trois autres Projets, deux pour la *Boutique d'appui*, la mécanique auto, d'ores et déjà lancée, et la menuiserie bois, dont les manuels étaient quasiment prêts.

- Nous avons pris soin de ne pas reproduire les fautes commises lors de l'élaboration de stratégies de formation par les techniciens étrangers qui s'appuient sur leurs logiques pédagogiques propres alors que les acteurs des pays concernés peuvent en avoir des différentes.

Nous avons opté pour la concertation, l'échange et le dialogue avec les principaux intéressés, en l'occurrence les maîtres artisans, de façon

---

[66] Projet d'appui aux artisans de la Coopération suisse

à élaborer avec eux, au-delà des manuels proprement dits, les modes opératoires de mise en œuvre des modules de formation.

- Je comprends, dit Guillaume, qu'il était important, pour vous, de mettre les deux logiques en parallèle, et d'éviter d'imposer la vôtre, puisse-t-elle être considérée, par certains, comme la bonne. Est-ce que les patrons ont joué le jeu ?

- Oui, complètement, et c'est une bonne question, car le risque est toujours grand de jouer sans eux, voire contre eux, ou contre l'intérêt du secteur artisanal, comme je l'ai déjà dit, et de le déstabiliser au lieu de le renforcer. Il fallait définir les contenus des modules des formations session par session, dans chacune des filières, et le point de vue des patrons était indispensable pour guider les personnes en charge de l'élaboration des programmes. Nous avons pris cette tâche à bras le corps et organisé des ateliers pendant lesquels les projets de programmes furent décortiqués avec les patrons qui en apprécièrent la pertinence et les commentèrent avec des propos tels que : « *Là, on est d'accord avec vous, mais ici non, ça va trop vite ! Si les apprentis apprennent à faire ce travail, ils n'auront pas l'occasion de le mettre en pratique dans nos ateliers car ce n'est que plus tard que nous leur ferons faire ces tâches* ».

Avec ce type de réflexions assorties chaque fois de propositions pertinentes, les patrons nous permirent de peaufiner les contenus pédagogiques des modules et le travail de la *Cellule de réflexion/action* s'en trouva légitimée et partagée par la base. Nous avons opté pour des programmes étalés sur trois ou quatre ans pour réduire la durée habituelle de l'apprentissage souvent trop longue[67].

---

[67] Dans certains pays, elle peut durer dix ans.

Des sessions d'un ou deux mois par an permettent de ne pas casser la relation entre l'apprenti et son patron et de laisser du temps au temps, même si, aux yeux des *experts* du Nord, cela risque de paraître trop long. C'est le drame des Projets qui, voulant obtenir des résultats avant leur clôture, vont trop vite. Et mal, car les résultats acquis dans la précipitation s'avèrent souvent superficiels ou fragiles, et rarement pérennes.

En mettant en place une structure de coordination des actions à mener à moyen et long terme, nous nous donnâmes le temps de faire les choses de façon plus sereine et dans une perspective pérenne. Nos Projets purent s'achever avant que toutes les actions fussent menées, il est vrai, mais là ne fut pas le problème car la relève fut assuré ! Pour moi le premier. Je quittai le Burkina Faso peu après, mais le processus était sur les rails, avec documents et formations en cours. Tout cela généra, au niveau de la *Boutique d'appui*, une production conséquente de documents écrits, tant en termes de formation que d'information.

Jean Claude W, le consultant qui évalua le Projet, ne s'y trompa pas, en écrivant dans son rapport : « *Le surcoût de la main-d'œuvre expatriée doit nécessairement se traduire par une production intellectuelle qui permette de capitaliser et reproduire les expériences passées.* » Difficile d'être plus direct sur le coût des Projets, leur efficacité, mais aussi leur efficience !

La *Boutique d'appui* monta une autre action significative peut-être plus au profit des patrons que des apprentis, même si ceux-ci étaient directement concernés ! Nous avons créé un espace de formation sous la véranda de la *Boutique d'appui* où, une fois par semaine, un patron et deux apprentis venant d'autres ateliers furent réunis devant une mobylette (mise) en panne.

Le patron expliquait aux apprentis les causes de la panne et la façon d'y remédier. Des slogans furent inscrits sur les murs, en français et en moré, la langue locale, tels que : « *Les bons outils font les bons ouvriers* », ou « *Démonter remonter pour apprendre* »

Plusieurs patrons nous firent la remarque qu'ils ne faisaient jamais faire de tels exercices à leurs apprentis, dans le seul but pédagogique, mais qu'à travers cette expérience ils comprenaient pourquoi nous insistions sur la nécessité d'une formation complémentaire théorique pour les apprentis, parallèlement à leur travail dans les ateliers. Ces patrons étaient encore loin de ceux qui formaient aux siècles passés les *compagnons du devoir*, mais une petite lueur d'espoir émana de cette opération pilote ! Le principe d'une transmission du savoir entre le maître et ses apprentis ne serait donc pas une utopie ?

Cette action avait une double portée :

1. La sensibilisation des patrons sur leur rôle de maître d'apprentissage au sens plein du concept, et
2. L'application concrète du principe d'alternance entre l'atelier du patron et le lieu où est proposée une formation théorique.

Le paiement des formations

Il y eut un autre terrain sur lequel je contribuai à faire avancer les pratiques en matière d'apprentissage : le *paiement des formations par les bénéficiaires*. À cette époque, les responsables de Projets et les chargés de programme au sein des institutions de Développement commençaient à convenir du fait qu'il fallait arrêter de payer les gens pour les former, inverser le processus, et les faire payer !

Cela eut un avant-goût du *donnant donnant* très en vogue aujourd'hui : « *Vous donnez de votre temps, et un peu d'argent, on vous donne des compétences nouvelles* ».

Dans le cas du Burkina Faso, cette idée de faire payer une contribution symbolique aux apprentis, ou, le cas échéant, à leurs familles, fut novatrice et quelque peu révolutionnaire. La contribution demandée était modeste, au regard du coût de la formation, mais symbolique. La différence entre la contribution et le coût restant à la charge des Projets ou, on le verra plus loin, des fonds de formation, mais il fut important d'amorcer cette réforme.

Le principe fut discuté lors des réunions avec les patrons qui décidèrent de payer eux-mêmes pour leurs apprentis en revendiquant un bénéfice direct de la formation, dans la mesure où ces derniers feraient du meilleur travail dans leurs ateliers à leur retour. Je n'ai pas su ce qu'il advint de ces décisions, mais il me parut très intéressant à l'époque que les patrons s'inscrivent dans cette démarche.

Appui aux apprentis du Niger

J'effectuai au Niger, avec *Jacques G* [26] une mission d'évaluation de la phase 1 du *Projet Nigetech*[68], consacrée à la formation professionnelle des jeunes.

Il apparut que les actions menées au titre de l'apprentissage n'avaient pas concerné des apprentis au sens où on l'entend, car il s'était agi de formations initiales de courte durée, proposées à des jeunes en quête d'emploi.

---

[68] Projet financé par l'Union européenne et exécuté par le BIT.

Elles furent bien menées, certes, mais ne correspondaient pas aux objectifs visés. Disons qu'elles furent *efficientes*, mais pas *efficaces* ! Lors de la mission de formulation du document de Projet pour la seconde phase, nous corrigeâmes cette erreur et programmâmes des actions relevant spécifiquement de l'apprentissage et de sa modernisation (ou de son renforcement). Après cette mission d'élaboration du Document de Projet de la seconde phase, le BIT me proposa un poste au sein du Projet pour son exécution. Non pas comme CTP, mais comme conseiller technique, aux côtés de *Sandro M*[27], qui avait conservé son poste de CTP. D'aucuns pensèrent qu'il s'agissait pour moi d'une rétrogradation, du fait que je venais de quitter un poste de CTP à Ouagadougou et que je n'étais plus à Niamey que conseiller technique. Ils ignoraient que cela ne me dérangeait pas du tout, bien au contraire. Je me réjouissais même de pouvoir me concentrer sur la mission qui m'était confiée et de laisser à mon ami Sandro la gestion administrative du Projet, une charge dont je connaissais la lourdeur, surtout sous mandat de l'Union européenne, plus tatillonne et bureaucratique que le BIT.

J'y fus chargé de la *Politique de formation professionnelle*, donc d'orienter les actions relevant de la formation, en général, et du renforcement de l'apprentissage, en particulier. Je travaillai sur ce dernier point en étroite collaboration avec un homologue national, *Idy M*[28], et le CTP qui en avait parfaitement intégré la philosophie et contribua étroitement à la mise en œuvre des actions dans ce sens. Il y avait de nombreux apprentis en attente de formation dans les antennes régionales et les responsables étaient prêts à s'investir dans ces actions dont nous avions longuement discuté lors de la programmation.

Contacté lors de la rédaction du présent ouvrage, quelques années après son départ du Niger, Sandro M raconte :

> *« Le Projet mena des actions de formation selon le principe de l'alternance entre les ateliers où travaillaient les jeunes, et des lieux adéquats où ils recevaient de façon périodique, des formations plus théoriques. Des manuels techniques et des guides du formateur furent élaborés en soutien. Trois filières furent retenues : la mécanique auto, la menuiserie bois et la construction métallique, des secteurs dans lesquels il y avait le plus d'apprentis. La difficulté au Niger de trouver des entreprises convenables pour la formation pratique, surtout à l'intérieur du pays, poussa le Projet à chercher des solutions originales avec les entrepreneurs.*
>
> *La stratégie développée pour chaque filière et chaque ville fut de visiter les différents ateliers et de faire un choix sur la base de l'équipement, l'espace, la compétence et la disponibilité des maîtres artisans et ouvriers. Pour rendre l'atelier choisi performant du point de vue de la formation, il fut nécessaire d'en compléter l'outillage, d'y effectuer des travaux d'aménagement des locaux et de renforcer les compétences des chefs d'atelier, artisans et ouvriers chargés d'une partie de la formation des apprentis. Au lieu de payer des frais de location, le Projet proposa aux patrons de prendre en charge les travaux d'aménagement et les achats d'outillage complémentaire avec le double avantage de permettre de dispenser les sessions de formation dans de bonnes conditions et de laisser les ateliers en meilleur état après leur déroulement »*

- Je me souviens d'un jeune garagiste de Tahoua très sympathique et dynamique que le Projet choisit comme formateur au vu de ses compétences d'entrepreneur.

On lui confia la charge de former les jeunes apprentis de la ville, par petits groupes, dans son propre garage, selon le principe des séances hebdomadaires, avec les manuels adéquats que nous avions adaptés ou élaborés, selon le cas. Il s'inscrivit totalement dans la démarche de maître d'apprentissage et son atelier fut retenu comme *atelier pilote*.

Quand mon collègue *Luigi S[29]* entreprit de remanier les documents techniques de la phase 1 en menuiserie et d'en élaborer de nouveaux, je lui demandai de ne pas oublier de consacrer des séances à la confection des caisses à outils, selon le principe que m'expliqua le jeune compagnon rencontré à Ségou, au Mali. Des centaines d'apprentis furent touchés par les formations à travers tout le pays.

Les manuels pédagogiques furent déposés au *Fonds pour la formation professionnelle* créé à la même période, dont la conservation constituait une de ses missions régaliennes (voir page 135).

Divers appuis aux apprentis au Sénégal

J'eus l'occasion de travailler une dernière fois sur la problématique de la rénovation de l'apprentissage, lors de la mission d'élaboration de la phase 3 du Projet ISFP[69] dont j'avais élaboré et exécuté la phase 1 quelques années plus tôt. Pendant cette période, nous n'avions pas directement travaillé sur l'apprentissage mais il m'avait été donné de participé à une cérémonie de clôture d'un Projet qui avait mené des actions au bénéfice d'apprentis dans la région de Saint-Louis. Les résultats étaient discutables, notamment la question de la distribution hâtive et peu pertinente de lots d'outillage à des apprentis qui ne surent qu'en faire. Lors de la phase 2 du *Projet ISFP*[70], des actions furent menées, qui consistèrent à proposer à des apprentis une formation en *création et gestion de micro-entreprises*[71], avec pour objectif de les inciter

---

[69] Insertion des Sortants du Système de Formation Professionnelle, financé par la Coopération luxembourgeoise, exécuté par le BIT. J'en fus le premier CTP.
[70] Après mon départ
[71] Module Germe niveau 1 du programme GERME.

à quitter les ateliers de leurs patrons et à s'installer à leur compte. Au détriment, on l'aura compris, du franchissement nécessaires des étapes intermédiaires qui, seules, peuvent permettre à un ex-apprenti de devenir entrepreneur au sens plein du terme.

- Il s'est agi d'une erreur à mes yeux, comme à ceux de certains maîtres artisans impliqués dans cette procédure dont ils ne cautionnèrent pas le principe. Ils eurent raison. Ils me le confièrent peu après et m'avouèrent ne pas avoir été d'accord à l'époque pour dispenser ces formations à leurs apprentis.

- Une erreur une fois de plus, dit Guillaume, dont l'impact ne pouvait être que négatif et déstructurant pour les ateliers que les apprentis étaient incités à quitter trop vite.

- Tu as raison, Guillaume, et je dois te dire que lors des réunions préparatoires, je me suis trouvé dans une situation difficile liée au fait que certains partenaires soutenaient ce type de stratégie. Ils témoignaient une fois encore de leur méconnaissance du secteur, et plus encore, de cette triste habitude de vouloir aller plus vite que le temps.

En conclusion sur la problématique de l'apprentissage

Je vais sans doute me répéter, dans ce paragraphe, mais le principe d'un *renforcement de l'apprentissage* est un sujet qui me tient à cœur et gagnerait à faire l'objet d'Etats généraux dans les pays concernés et d'une réflexion exhaustive. Non pas au regard de l'artisanat traditionnel qui a ses règles spécifiques de transmission des savoirs au sein des familles, on l'a vu, mais au regard du *secteur artisanal moderne* qui, s'il était mieux considéré et appréhendé par les pouvoirs publics et les acteurs du développement, servirait de *terreau pour la formation* des apprentis et, au-delà, de booster de l'économie.

Le secteur artisanal constitue un État dans l'État, on l'a vu, une entité économique et une entité historique. C'est une chance pour les pays concernés qui devraient tout faire pour s'appuyer sur cet acquis et lui redonner la capacité pédagogique perdue. Il est important que les ateliers se structurent et disposent d'ouvriers couvrant les différents niveaux de compétences utiles et nécessaires à leur bon fonctionnement. On sait aujourd'hui que la croissance d'un pays comme le Sénégal[72], ces trente dernières années, est le fait du développement des micros et petites entreprises, beaucoup plus que des grosses. De fait, le développement du secteur artisanal pourrait constituer un élément clef de la croissance économique, en termes de PIB et d'emplois (on parle de 60 % de l'emploi urbain).

Pour ce faire, il faudrait :

1. Consolider la place et le rôle dudit secteur au sein du paysage économique local, en matière de représentation (fédérations ou chambres consulaires), de fiscalité, d'aménagement de zones d'activités, d'accès à des formations adéquates, aux matières premières, au marché national et au crédit, etc. Il serait bien de remettre à plat certains villages artisanaux et d'en étudier la reconversion en zones d'activités artisanales qui seraient plus utiles.

2. En encourager la structuration, avec une place donnée aux travailleurs intermédiaires au sein de chaque atelier, à chacun des niveaux attendus, entre les apprentis et les patrons : ouvriers, compagnons, demi-patrons, sous-patrons, chefs d'ateliers. Au lieu d'inciter les apprentis à quitter les ateliers prématurément, les partenaires au développement, tant publics que privés, devraient les aider à franchir les

---

[72] Page 9

étapes une par une, grandir, en termes de maturité professionnelle, acquérir progressivement les compétences qui leur seront utiles à chacune des étapes de leur parcours, pour, à son terme, assister leur patron ou s'installer à leur compte.

Sans cela, les entreprises ne se renforcent pas, ne se développent pas, ne se structurent pas, et végètent. Le secteur dans sa globalité ne se consolide pas non plus. Toute stratégie de renforcement de l'apprentissage doit concourir dans le même temps au renforcement du secteur de l'artisanat lui-même.

Pour ce faire, il faut respecter et valoriser les réalités du terrain, les relations patrons apprentis, proposer des durées et conditions d'organisation des sessions de renforcement pertinentes vis-à-vis du fonctionnement des ateliers. Il faut donner du temps au temps, jouer sur la durée et le nombre, éviter les formations éclairs qui ne touchent qu'une poignée d'apprentis et les incitent à sortir du système, au détriment du bon fonctionnement de leurs ateliers d'origine, qui, on l'a dit, ont besoin d'eux pour se développer, croître et se renforcer.

Dès lors, on contribue à structurer le secteur de l'intérieur en l'engageant dans une dynamique de croissance. Le temps nécessaire à cette mutation ne peut que dépasser celui de la durée des Projets qui, pour afficher des résultats flatteurs en fin de phase, cherchent systématiquement à raccourcir la durée des processus engagés, avec les effets pervers que l'on connaît.

Au Bénin, le parcours d'apprentissage est balisé, limité dans le temps à environ deux ans, et clôturé par une *libération* de l'apprenti, avec un cérémonial très original, en présence des parents et d'un jury d'artisans chargés de juger symboliquement le jeune apprenti.

La condamnation à recevoir quelques centaines de coups d'un bâton symbolique, utilisé depuis des années, est réduite par les achats de coups par les participants à la cérémonie. Le dernier est symboliquement porté par le patron sur le dos de son apprenti, puis le bâton est jeté en l'air et ce dernier se doit de l'attraper avant qu'il ne tombe au sol ! En revanche, le fait que l'apprentissage soit payant et constitue une rente pour les patrons qui préfèrent avoir des apprentis qui paient leur formation que des ouvriers salariés, constitue un handicap ! Quand un apprenti est libéré, en effet, son premier souci est de s'installer à son compte et de prendre à son tour des apprentis qui le paieront et lui procureront une rente ! Cette fragilité structurelle menace tant le développement que le devenir des micro-entreprises qui ne se structurent pas autour d'un pool d'ouvriers de niveaux progressifs, et, de ce fait, s'auto-fragilisent. Mon ami béninois, *Cyr D[30]* m'a dit un jour, lors d'une mission que j'y effectuais sur l'apprentissage, à propos du manque d'ouvriers dans les ateliers : « *Quand un patron meurt, c'est une entreprise qui meurt.* »

La structuration des ateliers artisanaux autour du patron est clairement posée dans cette réflexion. Elle invite à réfléchir aux voies et moyens d'un renforcement de la croissance et des compétences de ces ateliers ainsi que de leur pérennité.

Pour la petite histoire

Lors du cours dispensé au CESAG de Dakar dont j'ai parlé plus haut, pour un DESS avec des responsables de directrices et directeurs de services techniques sous-régionaux, je suis revenu sur les mots du garagiste : « *Nous qui sommes leurs patrons, nous ne leur apprenons que la pratique, car nous-mêmes n'avons appris que la pratique, la théorie ils peuvent l'apprendre à l'école* ».

J'ai insisté sur le principe de l'alternance entre l'atelier et l'école pour cet apport théorique et évoqué également le cas de l'Allemagne où il apporté par les patrons, dans le cadre de la *formation duale* qui s'appuie sur une forte implication des patrons. « *À quelle école pensez-vous,* me demanda une participante ? » À toute structure à même d'héberger ces formations, lui ai-je répondu : un lycée, un centre de formation, une mairie, une association, un atelier privé.

Pour illustrer mon propos, de façon concrète, je leur racontai comment Nigetech, au Niger, organisait certaines sessions sous des arbres. Le matériel y était déposé à l'ombre de ses branches et les sessions de formation s'y déroulaient normalement, comme j'ai pu le voir un jour à Maradi. Je leur ai donné une foule d'informations sur l'apprentissage, et leur ai beaucoup parlé des conditions de travail dans le secteur la forge fonderie, très archaïques, on le sait, jusqu'à déclencher l'hilarité d'une participante, Directrice de l'artisanat du Cameroun qui, en réponse à ma question sur son rire, m'a dit :

- « *Mais Monsieur Silvestre, comment faites-vous pour savoir tout ça ?* »

Chapitre 5
La microfinance au service des artisans

Nous abordons ici un cinquième thème relatif au *financement des entreprises*. Commençons, comme convenu, par énumérer quelques éléments clefs de la problématique en jeu :

1. Le financement des créations et des extensions d'entreprises, de l'achat de matières premières et de matériels, est resté sans réponse pendant des décennies, faute de produits financiers ad hoc proposés par les banques qui ne s'intéressaient guère aux petits producteurs et encore moins aux artisans.
2. Les Projets financèrent eux-mêmes pendant longtemps les besoins de leurs bénéficiaires, mais ce n'était pas leur rôle et ils ne disposaient pas non plus des compétences nécessaires pour le faire, aussi cette politique généra-t-elle de multiples conflits et dysfonctionnements, et ne s'inscrivit pas dans la durée.
3. Ce n'est que dans les années 90 qu'apparurent les premières alternatives sérieuses et professionnelles susceptibles de pallier l'incapacité des banques à financer les petits entrepreneurs : les *mutuelles* et *caisses associatives d'épargne et de crédit.*
4. Ce n'est que dans ces années également, que les responsables de Projets commencèrent à chercher et à mettre en œuvre des solutions pour le secteur artisanal, la micro-entreprise et les paysans.

C'est une lapalissade de dire que les petits producteurs manquent de moyens pour l'achat de matériel et de matières premières, l'exécution de marchés, la construction et l'aménagement de leurs ateliers et les soins en cas d'accident du travail.

- « *On n'a pas les moyens !* » est la réponse classique à toutes les questions sur l'immobilité des acteurs du secteur de l'artisanat, mais ce prétendu *manque de moyens* est loin de constituer la seule explication au marasme économique latent ou à l'immobilisme chronique des gens ! Ce constat ne doit pas cacher la forêt et exclure les situations où la volonté et l'huile de coude suffiraient à mener une action, nettoyer devant chez soi, récupérer de la matière première, produire.

C'est une question culturelle et politique, voire philosophique, qui nécessiterait quelques chapitres à elle seule ! Elle était d'actualité dans les années 90 quand j'ai pris les rênes du Projet BIT/SNS de Bamako. Jusque-là, les Projets financèrent eux-mêmes les projets de leurs bénéficiaires, mais au prix de nombreuses difficultés : choix des types de financements, crédits ou subventions, problèmes de remboursement, manque de compétences des conseillers techniques et agents des Projets pour gérer de telles activités. Sans compter le fait de devoir sanctionner les mauvais payeurs qui restent, par ailleurs, bénéficiaires des Projets !

Les structures de financement des micro-entrepreneurs

Lors de la réunion préparatoire à Genève, avant ma prise de poste au Mali, la raison d'être du *Document de Projet* ne me sauta pas aux yeux, comme je l'évoquai plus haut. Je le parcourus sans bien me rendre compte que j'avais dans les mains ma *feuille de route*.

Ce n'est qu'avec le temps que je finis par en comprendre la fonction exacte au regard des activités que j'eus à mener. Quand la question du financement des entreprises se posa, il s'avéra qu'elle n'était pas prise en compte dans ledit *Document de Projet*, et de ce fait, aucune activité n'était programmée.

La question finit par se poser avec une telle acuité qu'il devint urgent d'y réfléchir et de proposer des réponses concrètes. Certains acteurs des mondes rural et urbain avaient imaginé les premières réponses, sous la forme de ce que l'on appela les *Institutions de microfinance*, IMF, ou les *Structures de financement décentralisé*, SFD, associatives ou mutualistes.

Une des réalisations majeures dans ce domaine menée dans les années 80 fut la création par le BIT et la Coopération suisse des *Banques populaires du Rwanda*, qui contribuèrent fortement au développement du secteur informel et se développèrent au point de devenir quasiment la première banque du pays. Une autre expérience intéressante fut, au Mali, la création du *réseau de caisses d'épargne et de crédit Kafo Jiginew*, en milieu cotonnier.

- Est-ce que tu te rappelles, Guillaume, que quelques mois avant de prendre mon poste au Mali, j'ai réalisé un film sur la filière coton ?

- Oui, bien sûr, répond Guillaume, mais quel rapport y a-t-il entre le coton et la finance, me demande-t-il ?

- Les paysans, mon cher, et leur caisse d'épargne et de crédit, dont je t'ai parlé, que j'ai évoquée dans le documentaire sur la filière coton !

- Je ne vois toujours pas, répond Guillaume.

- Les paysans ont des problèmes de financement des achat d'intrants agricoles avant les semis, puis lors des périodes pendant lesquelles ils n'ont plus de revenus (*périodes dites de soudure*), de même que d'acquisition de matériel agricole.

Autant de besoins particuliers, autant de produits financiers à proposer, aussi la CMDT[73] avait-elle demandé au *Crédit coopératif français*, de mettre en place, via sa Fondation, un *réseau de caisses d'épargne crédit* en zone cotonnière *Mali Sud*. C'est ainsi que fut créé le réseau de caisses *Kafo Jiginew* à Sikasso.

- Je commence à deviner où vous voulez en venir, dit Guillaume. Les artisans avaient eux aussi des problèmes de financement, je suppose.

- Bien évidemment, d'autant plus qu'à l'époque les banques étaient aux abonnés absents et ne se souciaient pas des petits producteurs. Pour moi, la seule réponse à leurs besoins, en termes de financement de leurs entreprises, était de mettre en place un système de financement extérieur au Projet, du même type : une structure autonome qui leur permette tant de placer leur épargne ailleurs que dans des boîtes de Nescafé ou sous leurs matelas, et de la sécuriser, que d'accéder au crédit, étant acquis que les banques classiques, je le répète, n'avaient aucun produit à leur proposer.

- Et lors du tournage vous aviez visité cette structure, s'exclame Guillaume, et l'aviez même filmée, comme vous le disiez tout de suite !

- Eh oui, mon cher Watson, encore une belle coïncidence que je n'ai pas ratée !

---

[73] Compagnie Malienne de Développement du Textile.

Le fait d'avoir visité les caisses de *Kafo Jiginew*, lors du tournage du film, a constitué un atout majeur lors du montage de l'action que j'ai engagée en faveur des artisans.

- Le moins qu'on puisse dire est que vous avez joué maintes fois sur les coïncidences pour bâtir votre parcours, s'exclame Guillaume !

- Tu peux le dire ! En plus, j'avais rencontré *François L*[74], le Chef du Projet en charge de la mise en place des caisses et nous étions devenus amis. Il ne me restait plus qu'à créer un réseau semblable en milieu artisan, avec son appui. Ce que nous avons fait.

Le réseau Kondo Jigima

J'ai quelque peu joué les francs-tireurs en décidant de monter une action qui n'était pas programmée dans mon *Prodoc*[75]. Mais j'avoue que je jouais sur du velours et mes chargés de programme à Genève m'ont donné sans sourciller le feu vert pour créer des *caisses d'épargne et de crédit pour les artisans* tant la situation l'exigeait. Ayant moi-même une connaissance très limitée des mécanismes de fonctionnement des *IMF*[76], il me fut facile de faire appel à mon ami de *Kafo Jiginew* ; François L, qui m'en expliqua les tenants et aboutissants. Nous avons établi un partenariat entre nos deux Projets pour la formation des futurs agents de nos caisses et la fabrication des outils financiers : carnets, fiches de relevés, d'enregistrement ou de suivi, qui permettaient de porter les écritures avec un maximum de sécurité, etc.

---

[74] François Lecuyer, consultant international, spécialiste en microfinance.
[75] Document de Projet
[76] Institutions de microfinance.

- Vous ne pensez pas que votre ami aurait pu avoir des problèmes avec sa hiérarchie, me demande Guillaume ? C'était quasiment du piratage industriel de votre part, non !

- Mais non ! Pour une fois que des organismes de développement faisaient de la coopération Sud-Sud on n'allait pas en faire une histoire quand même !

Après de longs mois de discussions et de négociations, le Projet créa les premières *caisses d'épargne et de crédit* pour les artisans sous le nom de *Kondo Jigima*, qui désigne, en bambara : *le panier dans lequel on conserve les choses de valeur dans la maison*. Cela ne se fit pas sans mal, car si l'appui de *Kafo Jiginew* aida à structurer les caisses, leur mise en œuvre au sein des associations fut assez difficile. Proposer à un artisan d'épargner de l'argent était une idée un peu folle ! Si on lui demande s'il a de l'argent à déposer sur un compte d'épargne, il répond aussitôt qu'il est en situation de survie et n'a rien à économiser.

Ce qui est vrai peut-être, mais à bien y réfléchir, dans n'importe quelle situation, même la pire, on peut toujours économiser quelque chose, ne serait-ce qu'un centime. Mais n'est pas *Dickens* qui veut et défendre cette idée relevait de la provocation !

Il fallut des heures de sensibilisation auprès des artisans adhérents potentiels des futures caisses pour leur en expliquer les avantages. Un ancien des caisses du Rwanda, *Gérard G*[31] fut recruté pour la circonstance et toute l'équipe s'attela à la tâche, lui, les animateurs du Projet, des spécialistes en microfinance venus de Genève, et moi-même qui crus dur comme fer en la réussite du projet et ne manquai pas d'arguments pour toucher les artisans aux points sensibles.

Je les surprenais souvent avec des réflexions et arguments pointus, et ils se demandaient comment je savais tout cela. Comme de leur dire qu'en cachant leur argent dans des boîtes de café ou de tomates rangées sur des étagères ou sous leurs matelas, ils ne le mettaient pas du tout en sécurité, que cet argent restait sous la menace du vol et du feu, voire d'un oncle ou d'une tante venus du village qui au moment d'y retourner ne manquerait pas de dire :

« *Vraiment, mon fils, tu sais que je n'ai pas l'argent pour le bus, et puis l'école des enfants ça coûte cher !* » Au bout du compte, le fils donne l'argent, et parfois celui de son entreprise ! Nous leur donnions des réponses types pour gérer ces pressions familiales et se protéger, tels que : « *Ah tonton, j'aurais bien voulu t'aider, mais tu sais, depuis quelques semaines je place mon argent à la mutuelle et je ne peux pas le sortir facilement. À cette heure, la caisse est fermée !* »

Trois mois après l'ouverture des premières caisses, il y avait plusieurs dizaines de millions de francs CFA épargnés ! Comme quoi, quand on veut, on peut. Des caisses furent créées dans toutes les bases d'appui et zones d'intervention du BIT, de Bamako à Bandiagara, au pays dogon (voire à Tombouctou, mais je n'en suis pas certain). Le réseau *Kondo Jigima* s'est bien développé, il a changé de partenaires d'appui, a ouvert des caisses dans de nouvelles régions jusqu'à disposer de plus d'un milliard de francs CFA en dépôt.

Évolution de la microfinance
L'évolution parallèle des caisses *Kafo Jiginew* et *Kondo Jigima*, suivies quelques temps après par deux autres, à Bamako et Bandiagara, amena mon ami *François* à penser que leur réussite les conduisait tout

droit dans les bras de la *Banque centrale* qui ne manquerait pas de leur tomber dessus et de légiférer.

Aussi décida-t-il de mettre en place, avec mon aide et celle de collègues de Bamako et Bandiagara, un processus de réflexion sur la problématique de la micro finance de façon à anticiper sur une possible intervention de ladite *Banque centrale* dans nos affaires, qui ne manquerait pas de nous en reprocher l'aspect informel.

Peu après, elle entra effectivement dans la danse et mit en place avec le BIT et la *Coopération canadienne* deux Projets qui travaillèrent plusieurs années durant sur la problématique du financement des entreprises par les structures de microfinance dont ils établirent un cahier des charges précis.

Quelques décennies plus tard, à l'occasion de la rédaction de ce livre, je m'en suis de nouveau remis à mon ami *François L*, devenu depuis lors, une référence incontestée dans le domaine de la microfinance, pour évoquer le parcours des mutuelles depuis l'époque où nous accompagnions les deux principaux réseaux de caisses du Mali. Voici quelques extraits de notre discussion : « *Les IMF ont connu des heures de gloire, marquées par un développement spectaculaire, mais également des heures malheureuses pour différentes raisons dont la plupart étaient prévisibles. Des caisses mutuelles de toute nature ont émergé, dont certaines dans des milieux incapables de les assumer, d'autres peu fiables qui ont disparu ou fait faillite laissant leurs sociétaires floués de leurs économies. Les taux de crédit ont parfois augmenté de façon exponentielle jusqu'à atteindre des niveaux proches de l'usure, les problèmes de gouvernance ont été rapidement identifiés, liés au manque de compétences des acteurs impliqués dans la gestion des caisses sans préparation ni motivations suffisantes.* »

Sans compter les effets de la politique d'autogestion encouragée par certains bailleurs qui surestimèrent, selon moi, le souhait autant que les capacités des sociétaires à gérer leurs mutuelles. J'avais ma petite idée de la chose que j'exposais à Guillaume.

- En fait, je n'ai encouragé que très rarement un artisan à devenir gestionnaire de sa caisse, sachant qu'il a généralement du mal à gérer son atelier et que ce dont il a d'abord besoin c'est d'épargner et d'obtenir des crédits.

Et pour cela, d'ouvrir un compte dans une caisse fiable qui marche bien et de plutôt s'en remettre à des gestionnaires compétents et disponibles pour la gérer.

A la fin du Projet BIT, compte tenu du désengagement de la coopération suisse, l'AFD prit le relais mais ne s'entendit pas avec les artisans qu'elle chercha à déposséder de la maîtrise de leur caisse, au profit des membres d'un autre réseau qu'elle venait de créer dans les quartiers. Mis devant l'obligation par le bailleur de *prendre ou de laisser*, les artisans décidèrent de laisser ! Selon moi, ils posèrent ce jour-là un acte courageux et d'une grande pertinence, qui aurait gagné à faire jurisprudence, tant on voit des décisions imposées aux bénéficiaires, ou acceptées par défaut par ces derniers, contraires à leurs intérêts et aux objectifs visés lors de la création de la structure concernée. Les problèmes que rencontra *Kondo Jigima* par la suite furent liés tant au fait de ne plus être soutenu par un bailleur, qu'à avoir la gestion des comités de crédit un peu vite à des sociétaires (artisans) improvisés dans ces nouveaux rôles, sans connaissance exacte du travail qui les attendait, et dépourvus des compétences requises. Ils s'octroyèrent des crédits généreux qu'ils ne remboursèrent pas et la caisse se retrouva avec un découvert important qu'elle traîna pendant des années. En revanche, la coopération suisse revint au chevet de *Kondo Jigima* et lui apporta des appuis conséquents.

François L commente les difficultés de *Kondo* en ces termes : « *Comme dans d'autres situations, les responsables de la caisse manquaient de garde-fou, travaillaient en l'absence de règles et de formation, ainsi que de contrôles, et sans la présence d'agents formés à l'octroi du crédit pour éviter les erreurs et détournements.* »

- Cela nous ramène à votre peu d'entrain pour l'autogestion et en confirme la pertinence, dit Guillaume, qui cherche à bien comprendre comment ça marche ?

- Je ne dirais pas ça, et pour être franc, je sais que les réseaux de caisses mutuelles les plus performants sont autogérés. Il y a eu diverses motivations et stratégies dans ce domaine, tant lors des créations de caisses que pour leur management. La réussite des premiers réseaux a créé un effet de mode et de nombreuses initiatives non professionnelles ont conduit à des échecs.

Revenons au point de vue de *François L.* : « *L'autogestion apparaît aujourd'hui comme une stratégie pertinente et fiable dans la durée, pour peu qu'on ne lâche pas trop vite l'assistance après le démarrage d'une caisse. Il faut y mettre les moyens et elle doit être locale par définition, tout à fait décentralisée, et les responsables, qu'ils soient paysans ou artisans, doivent nécessairement travailler avec les techniciens en pleine confiance. Chacun selon ses moyens et ses capacités. Un contrôle assuré, assumé et accepté est la condition sine qua non de sa réussite. Cela demande des efforts partagés mais, pour finir, les résultats sont là. On sait aujourd'hui que l'assistance technique venue exclusivement d'en haut (du Nord) ne marche pas et qu'en revanche une stratégie qui s'appuie sur la base, l'écoute et le renforcement, est plus efficace. Les bonnes institutions de microfinance occupent désormais une place importante dans l'offre de services financiers aux micros et petits producteurs. Elles proposent des produits diversifiés et adaptés aux contextes et aux besoins spécifiques locaux, qu'il s'agisse de l'agriculture, de l'artisanat, du petit commerce ou autres. Les mutuelles les plus fortes occupent le marché, certaines à travers des banques classiques qui les ont avalées, et au sein d'un système doté d'une réglementation à l'échelle sous régionale.*

> **Souvenir de CTP**
>
> Lors d'une mission à Bamako, je passai devant les affiches annonçant les vingt ans du réseau *Kondo Jigima*, fêtés quelques mois plus tôt ! Je rendis aussitôt visite au directeur, que j'avais recruté lors de la création du réseau. Il me reçut comme un frère et me remercia pour tout le travail que nous avions fait ensemble à l'époque.
>
> J'appris quelques années plus tard que la croissance exponentielle des caisses le conduisit à quelques malversations qui l'amenèrent en prison ! J'en fus profondément attristé car j'avais pleine confiance en lui et en dix ans, il avait preuve d'efficacité.
>
> Le croissance fut sans doute trop rapide et il finit donc par commettre des erreurs. *Kondo Jigima* traversa une période de turbulences par la suite, voire de faillite imminente. L'État malien mit le réseau sous tutelle et en confié la gestion à un ancien de *Kafo Jiginew* qui l redressa.
>
> À ce jour, il semble qu'il ait retrouvé une vitesse de croisière et repris son rythme normal de fonctionnement.

Chapitre 6
Les maîtres du feu

- Vous avez évoqué plusieurs fois les forgerons et les potières, tant à propos d'organisation du secteur que d'occupation de l'espace public, dit Guillaume. Pourriez-vous nous en dire plus sur le secteur proprement dit, sur les hommes et les femmes qui l'animent.

- Tu as raison de revenir sur ce secteur car il est aussi important que très mal connu et il est bon d'en discuter ici. Il est très complexe, en fait, tu vas le constater, du fait de l'appartenance de ses acteurs à la *caste des forgerons*, ancré dans la ruralité depuis des siècles puis déplacé dans les villes du fait de l'exode rural, installé dans des ghettos en lisière de ces dernières, peu d'agents de développement en connaissent la réalité sociale, économique, voire historique, et encore moins s'aventurent dans les zones où il se développe. De fait, il survit totalement en dehors des radars et des programmes d'appui, tant publics que privés. Ces deux activités de forge et de poterie constituèrent longtemps le fer de lance de l'économie rurale dont les acteurs, castés, sont considérés comme les *maîtres et propriétaires du feu*.

Les forgerons fondeurs récupérateurs

La forge fonderie ferblanterie est donc très majoritairement l'affaire des forgerons de caste installés à la périphérie des grandes villes, dans des quartiers qu'ils partagent avec les artisans du fer, menuisiers métalliques et soudeurs. Des quartiers sales, enfumés, bruyants, qui ressemblent à des ghettos moyenâgeux mais constituent pourtant une source d'approvisionnement vitale pour les plus démunis. Ce secteur constitue un monde à part, un univers surréaliste dans lequel des milliers d'hommes et de jeunes garçons s'activent.

Je commençai à m'intéresser à ce secteur lors du tournage du film sur les apprentis mécaniciens. Nous y passâmes des journées entières et j'avoue que ma surprise fut grande. J'y retournai ensuite au temps d'Enda, où avec mon ami et collègue de la cellule audiovisuelle, *Amadou D[32]*, nous organisâmes des expositions sur les forgerons fondeurs des quartiers de Rebeuss et Colobane de Dakar.

Au Mali, au Burkina Faso, au Bénin, au Togo, au Zaïre (actuel Congo démocratique), comme au Sénégal, je plongeai à chaque occasion dans ces milieux interlopes avec passion et émerveillement, tant lors de missions, que pour moi-même. J'y ai traîné mes guêtres dans les marchés de la commune 2 de Bamako, de Rebeuss à Dakar et entre les deux ponts de Cotonou, puis dans les marchés dont j'ai oublié les noms à Ouagadougou, Kinshasa, Lomé et Brazzaville.

Des milliers de forgerons y sont entassés dans des conditions de vie et de travail moyenâgeuses. Les ateliers sont faits de bric et de broc. Les foyers où sont fondus les marmites et autres récipients sont équipés de souffleries animées par une roue de vélo fixée sur un vieux cadre et actionnée par un enfant. Le sol est couvert de cendres, de brisures de charbon de bois, et de ferrailles réutilisables ou non. Sans compter les fumées toxiques qui s'échappent des ateliers.

Malgré cela, des objets rutilants comme s'ils étaient fabriqués en argent massif émergent de ces ghettos noirs et enfumés !

Les forgerons, fondeurs, récupérateurs, ferblantiers, profitent de leur présence autour des grandes villes pour y récupérer toutes sortes de matériaux qu'ils transforment en de multiples objets qui couvrent l'éventail des besoins des ménages les plus pauvres. Ces objets relèvent en effet de ce qu'il est convenu d'appeler *les marchés pauvres*.

La technique la plus utilisée est celle de la fonte de pièces en aluminium prélevées le plus souvent sur de vieux moteurs de camions. Celles-ci sont placées dans des vasques métalliques posées sur des foyers rustiques. La matière fondue est ensuite versée dans des moules en argile où la pièce d'origine a précédemment été enfermée puis retirée pour y laisser son empreinte. Quelques minutes après le coulage, la pièce encore brûlante est extraite de la terre, refroidie et, dans les heures ou jours qui suivent, polie et vendue.

Tout y est et peut y être fabriqué et acheté ! Du plus petit, comme le nécessaire à nettoyer les ongles, au plus gros, comme les énormes marmites utilisées pour la fabrication de la bière de mil.

En passant par les produits courants destinés à la cuisine, l'agriculture, l'artisanat, et aux cérémonies religieuses païennes.

Je me suis intéressé aux produits qui relèvent de ce que l'on appelle *l'import substitution*[77] : pare-chocs de mobylettes, patins de frein pour le train, joueurs de baby-foot, pièces auto, copies des meilleures cocottes en fonte émaillée de cuisine, chaussures taillées dans de vieux pneus de camion, lampes à pétrole dans des ampoules électriques, cuillers et fourchettes (coulées dans des moules en acier), objets rituels, clochettes, etc.

---

[77] Objets habituellement importés fabriqués par les artisans locaux.

Un ami forgeron, aujourd'hui décédé, fabriquait par centaines, pour des armateurs de Dakar, des blocs de fonte d'aluminium de la taille d'un pain destinés à être fixés sur les coques métalliques des chalutiers pour y attirer et absorber l'érosion marine ! Il fabriquait également des patins de frein pour le train, moins solides que ceux que la compagnie du rail avait l'habitude d'acheter en Europe, mais tellement moins chers que le jeu en valait la chandelle. Il suffisait de les changer plus souvent.

- Cette fois la stratégie du *moins cher* était payante, dit Guillaume.

- Non, ce n'est pas la même chose, ni le même contexte ! En fait ce n'était pas *moins cher* mais pas cher. C'est très différent. Chez les forgerons fondeurs on ne peut pas faire *moins cher*, car le prix est au plus bas. Pour les patins de frein, je pense que la rentabilité de l'opération était assurée et que le rapport qualité prix en justifiait l'achat !

À la question posée sur la meilleure façon de cuire le *thiéboudienne*, le plat national sénégalais à base de riz, légumes et poisson, aucun sénégalais ne s'aventurera à dire qu'on peut le préparer autrement que dans une marmite en fonte d'aluminium sortie du marché des forgerons fondeurs !

- Fabriquée avec un aluminium que l'on dit être toxique, dit Guillaume ! De quoi anéantir une population entière de mangeurs de thiéboudienne, non ?

- On dit que cet aluminium est toxique, en effet, mais de toute évidence il n'a pas les effets annoncés sur la population. Si tel était le cas, la moitié des Sénégalais seraient passés de vie à trépas !

On dirait que tu aimes le thiéboudienne mais que tu crains de t'empoisonner ! Ne t'inquiète pas.

- Il serait quand même intéressant, dit Guillaume, de travailler avec les forgerons sur le choix des aluminiums les moins toxiques pour le matériel de cuisson.

- Il faudrait également choisir les différents types d'aluminium de façon à améliorer l'élasticité de la fonte lors de la fabrication de certains produits finis, et voir comment utiliser des moules en acier pour les petits objets, cuillers et fourchettes notamment, qui demandent une finition plus soignée que celle obtenue dans le moule en terre.

- J'en ai vu à Kinshasa, poursuit Guillaume, sur un marché où l'on trouve des couverts de table de très bonne qualité, moulés.

- Mais quels conseillers techniques et experts iront travailler dans ces ghettos sales et bruyants pour aider les forgerons à améliorer leur production ?

- Vous n'interveniez pas dans ce secteur, quand vous étiez dans les Projets du BIT, demande Guillaume ?

- Non, quasiment pas. Je ne saurais te dire exactement pourquoi je n'ai pas réussi à monter des actions avec eux au titre des Projets. Je pense que j'ai essayé, mais c'était difficile. Tout ce que j'ai fait avec les forgerons fondeurs et les potières le fut à titre privé, pour acheter des objets, notamment, et discuter avec des amis fondeurs.

J'ai, en revanche, élaboré à la demande de la Chef de mission de coopération de l'Ambassade de France au Sénégal, un projet d'appui aux forgerons fondeurs de *Rebeuss* et *Colobane*, mais il n'a pas été mis en œuvre, c'est dommage.

Une ONG s'est emparée de mon document quelques années plus tard et a monté un Projet sans même m'inviter à son lancement ! Il a fallu que mon ancien collègue d'Enda *Amadou D*, qui était partie prenante, le fasse ?

- Je suis entré dans la salle, me suis assis au fond, puis, jetant un peu par hasard un coup d'œil sur les textes que les participants avaient en main, je vis qu'il s'agissait du document que j'avais élaboré pour la Mission de coopération !

- Et alors, demande Guillaume, ils vous ont invité à parler pour développer les idées exposées dans votre rapport ?

- Non, même pas. Je ne me souviens plus de ce qui s'est passé. À la fin ils ont retenu une proposition qui n'allait pas dans le bon sens, en décidant d'implanter un four ou un atelier pour les forgerons dans un Centre de formation professionnelle formel, ce qui, à mes yeux, n'était pas pertinent du tout, au vu des attentes des forgerons. En gros, le projet a été mal positionné et je crois savoir qu'il n'a pas donné de grands résultats. Il aurait été plus pertinent de l'installer à *Ecopole,* ce lieu improbable aménagé dans une ancienne usine par feu *Jacques B[33]*, le Secrétaire exécutif d'Enda. Cet endroit était fait pour accueillir des ateliers pilotes, des expériences sur le secteur informel, des rencontres avec les artisans et des expositions sur les thèmes de recherches menées par les équipes.

- Je me souviens qu'à l'époque j'avais dit à *Jacques* qu'il pourrait faire avec le projet *Ecopole*, un coup semblable à celui de *La Villette*, à Paris, cet ancien abattoir mort-né qui fut transformé en musée des sciences.

Amadou et moi avions dans l'idée d'y tester des techniques de fonte, de conception de moules, et d'y former certains forgerons. Le site était vraiment parfait pour des actions de ce type.

- Et alors, demande Guillaume, il s'est passé des choses intéressantes dans ce domaine, à *Ecopole* ?

- Quelques-unes, oui, dont une exposition sur la récupération, réalisée par un partenaire, puis plus rien de conséquent. Déçu de n'avoir pu faire avec Enda ce que j'espérais, je me suis rabattu sur mon village en France où j'ai créé un petit musée[78] où sont présentés plus de cinq cents objets issus des marchés de Bamako, Cotonou, Lomé, Kinshasa, Ouagadougou, Niamey et Dakar.

- C'est pas mal pour le fruit d'une déception, dit Guillaume en souriant. Je l'ai visité votre petit musée et il vaut le déplacement.

Les incidences culturelles du phénomène de castes

En Mauritanie, la Coopération allemande mit en œuvre un Projet d'appui aux artisans dont les forgerons traditionnels revendiquèrent le bénéfice exclusif, prétextant que les artisans c'étaient eux seuls !

Il est vrai que *le terme d'artisan* désigne traditionnellement, dans ce pays, les *forgerons de caste*, et non pas les *artisans du secteur moderne* et/ou utilitaire que ciblait le Projet. Mes collègues allemands eurent du mal à faire en sorte que les artisans modernes puissent bénéficier des appuis de leur Projet ! Est-il besoin de préciser ici que ces derniers sont en grande majorité d'origine sénégalaise, donc noirs !

---

[78] Exposition créée à Banon et désormais visible dans le vieux village de Dauphin, en Haute Provence.

Les potières

Les potières sont les femmes des forgerons, qui appartiennent à la caste des maîtres du feu. La poterie est traditionnellement un métier de femme. L'expérience montre qu'il est très difficile d'intervenir dans le quotidien des potières traditionnelles, solidement attachées à leurs savoir-faire ancestraux. Nombre de Projets s'y sont aventurés et cassés les dents. Dans la petite ville de Tchériba à l'ouest de Ouagadougou au Burkina Faso, par exemple, des potières ont été appuyées par un Projet du BIT qui a voulu modifier leurs savoir-faire mais n'a pas atteint ses objectifs car les transferts technologiques qui leur étaient proposés étaient trop en décalage avec leurs traditions, les pratiques locales, et les conditions de travail.

Consciente de la situation et du manque de résultats obtenus, une ancienne conseillère du Projet, *Denise M*[79], elle-même potière, est revenue dans le village par amitié pour les femmes. Elle les a aidées à travailler autrement sans pour autant les détacher de leurs habitudes traditionnelles. Elle les a amenées à élargir leur production et à fabriquer des plats, des cruches et autres pots adaptés au marché urbain. On peut y voir un léger bémol dû au fait que leur cuisson dans des fours ouverts classiques à des températures assez basses ne confère pas aux objets une totale étanchéité. Mais cela n'empêche pas ces potières de vendre leurs pots dans toute la sous-région.

A Kalabougou, au Mali, près de Ségou, un Projet du SNU proposa aux femmes de cuire leurs pots non plus dans les fours ouverts, où elles en placent des centaines et en contrôlent tant l'utilisation que le

---

[79] Evoquée dans le chapitre sur l'apprentissage

combustible, mais dans des fours en terre cuite fermés beaucoup plus grands, susceptibles d'atteindre des températures supérieures. Deux ou trois exemplaires de ces fours furent construits, qui, ne pouvant contenir qu'un nombre restreint de pots, au regard des fours des femmes, et étant énergivores en termes de combustible de cuisson, n'ont jamais été utilisés. Ils trônent à deux pas des fours traditionnels qui grondent et fument chaque week-end ! A Podor un four surréaliste fut construit au *Village artisanal* je ne saurais dire par qui dans le cadre d'un appui de la Banque mondiale. Il n'a jamais servi et l'on se demande même, à le voir, comment on put l'utiliser !

Une expérience a été menée avec succès, en revanche, au Burkina Faso, où des jeunes ont été formés à l'utilisation de tours à pied ou électriques et équipés de fours pour atteindre les températures nécessaires à la *fermeture de la terre* et à son émaillage. Cela leur permet de vendre des produits étanches capables de contenir des liquides et de la nourriture de façon saine. La ville de Ouagadougou regorge de leurs pots vendus sur le marché local.

Toujours au Burkina Faso, les femmes qui préparent la bière de mil utilisèrent longtemps des marmites en terre cuite qui se brisaient parfois, laissant des centaines de litres de liquide bouillant se déverser sur leurs jambes et pieds ! Elles achètent désormais sur un marché de Ouagadougou des pots de très grande taille fabriqués au Ghana en fonte d'aluminium, beaucoup plus sécurisants en termes d'utilisation, malgré leur prix élevé au regard des marmites en terre.

Un tour de poterie au SIAO de Ouagadougou
Dans l'idée d'apporter un appui à ces jeunes potiers et de sensibiliser d'autres sur les métiers de la terre, j'ai installé dans le stand de la

Boutique d'appui, au SIAO de Ouagadougou, un tour de potier électrifié, à l'aide d'un moteur de machine à laver. Un jeune homme fit des démonstrations de tournage de pots avec une aisance, une précision, un rythme et une vitesse qui fascinèrent le public !

Certains visiteurs virent pour la première fois un artisan *tourner des pots* de la sorte, là où les potières utilisent la technique du *colombin*[80], entièrement manuelle. L'opération qui eut pour objectif de promouvoir une pratique moderne de la poterie rencontra un vif succès et permit de faire connaître tant ces nouvelles techniques que l'implication possible de jeunes garçons et filles de toute origine. L'appartenance à la caste des forgerons et des potières n'étant plus de mise, ce nouveau métier, décrit comme *travail de la terre* ou *céramique*, et non plus comme poterie, fut beaucoup mieux appréhendé par les jeunes.

Un potier atypique à Niamey
Au centre artisanal de Niamey, lors d'une JIT (*Journée d'Information Technologique*) organisée par le *Projet Nigetech*, je rencontrai *Boubacar D H*. Assis au fond de la salle, un peu en retrait, il posa de bonnes questions, comprit bien les messages, et fit des interventions pertinentes. À la fin de la séance, j'allai vers lui pour savoir ce qu'il faisait comme travail et quand il me répondit qu'il était potier, des petites lumières scintillèrent dans ma tête.

Je le regardai droit dans les yeux et lui dit : Je me suis intéressé à la poterie au Mali et au Burkina Faso et j'aimerais bien mener des actions dans ce domaine ici au Niger.

---

[80] Technique qui consiste à disposer des boudins d'argile les uns sur les autres en les unissant à la main ou à l'aide d'outils.

Parle-moi de ce que tu fais et de tes ambitions, et on va voir comment le Projet Nigetech pourra t'aider à développer ton activité. Boubacar vint au siège du Projet, y rencontra mon collègue Idi et moi-même, nous parla de son parcours de fils de transporteur marié avec une potière suisse installée à Boubon, auprès de qui il suivit une formation très complète en lieu et place de l'école où il ne faisait rien. Il devint le seul potier capable de tourner au Niger ! Il était ouvert sur la vie et le monde et souhaitait apprendre de nouvelles techniques et rencontrer des potiers formés ailleurs. Il s'inscrivait sans le savoir dans la tradition du compagnonnage, ce qui ne pouvait que me ravir. Je décidai alors de l'intégrer dans le programme des formations ciblées pour lui permettre de renforcer ses compétences.

- Il a eu de la chance de vous rencontrer, dit Guillaume.

- Oui, en effet. Nous aurions pu ne pas nous voir ce jour-là. Mais tu sais Guillaume, dans les Projets de coopération on monte des formations au profit de centaines de bénéficiaires sans toujours être en mesure d'en apprécier concrètement les résultats. Aussi quand on rencontre des artisans comme lui qui ont de l'ambition, on se dit qu'ils pourront devenir des cas d'école et des références pour de nombreux jeunes artisans. Alors on les soutient !

Il profita du budget alloué aux *appuis aux petits projets personnels* et put effectuer un parcours de formation en France et y suivre des stages.

- Presqu'un Tour de France de compagnon, s'exclama Guillaume !

- Un peu, oui, dans la mesure où il profita de l'enseignement de quatre ou cinq céramistes confirmés, entre le Sud et le Nord du pays, jusqu'en Belgique.

Il se trouva que je devais quitter le Niger au moment où Boubacar partait. Je chargeai dans mes cantines les cent kilos de terre que son futur maître de stage, *Camille V[34]*, lui avait demandé d'apporter pour pouvoir faire les essais de cuisson et d'émaillage en France dans les conditions qui seraient les siennes au Niger à son retour.

- C'est bien qu'il ait pu profiter de votre déménagement, dit Guillaume, sinon il aurait utilisé des terres différentes et n'aurait pas optimisé sa formation !

Boubacar fit un beau parcours d'apprentissage et se familiarisa avec de nouvelles techniques de cuisson et d'émaillage. Au retour, il acheta un terrain à Boubon, y construisit une maison et un atelier, s'y installa et s'y organisa dans l'idée de recevoir, à son tour, des céramistes et sculpteurs venus d'ailleurs. Il évolua lui-même vers la sculpture et quelques années plus tard remporta une médaille aux Jeux de la Francophonie dans son pays.

Mais peu après, il quitta le Niger et se rendit au Canada où il convola en justes noces !

- Perdu pour la bonne cause, regrette Guillaume !

- Un peu, oui, c'est dommage mais peut-être qu'il rentrera un jour au Niger.

Chapitre 7
Politique de formation professionnelle

Nous arrivons au thème qui englobe tous les autres, non du fait, comme l'organisation qui concerne tous les aspects techniques, mais du fait que toute action relevant de la formation professionnelle ne devrait normalement être montée qu'en référence à un texte de référence, à une *Politique nationale de formation professionnelle*. Un cadre qui définisse les orientations, priorités, stratégies, axes directeurs, modes de fonctionnement, relations avec les partenaires, en termes d'attentes de leur part, et règles du jeu à suivre.

Comme l'emploi ou la santé, la formation professionnelle (FP) a besoin d'une *Politique nationale de formation professionnelle*. Bien des acteurs du développement, tant privés, ce qui n'étonnera personne, que publics, ce qui en étonnera certains, ont travaillé pendant des années sans cadre directeur, donc sans *Politique nationale* ! On peut le comprendre du fait que dans le contexte d'urgence post indépendances, la priorité était de monter des actions. Dans bien des domaines, les *Politiques nationales* sont venues après. Raison pour laquelle, peut-être, elle vient ici aussi après les autres thèmes. Rappelons, avant de développer le sujet, quelques bases de la problématique générale :

> 1. Les concepts, types, modes de formation ne sont pas toujours assimilés par les cadres en charge de leur mise en œuvre.

> 2. Le développement de la FP s'est longtemps déroulé dans un flou certain, avec des actions posées tant par les ministères concernés que par les partenaires au développement sans directives ni cadre de référence. Chacun de ceux-ci s'appuyant sur ses propres modèles.
> 3. Les tutelles de l'enseignement technique (ET), de la formation professionnelle et de l'apprentissage ont longtemps été ballotées entre les ministère, au gré des influences des bailleurs de fonds.
> 4. Les programmes de FP sont calés depuis des lustres sur les mêmes filières.
> 5. L'insertion des sortants d'ETFP attendit longtemps avant d'être prise en compte.

Concevoir une *Politique nationale de formation professionnelle* et s'y référer pour toute action menée dans ce domaine, tant pour les structures publiques que privées, ONG comprises, devint indispensable. Trop longtemps, en l'absence de *Politique nationale* bien définie et partagée par tous les acteurs, des actions furent menées sans lien les unes avec les autres, et sans logiques communes. Des dysfonctionnements furent observés dans les pays de la Sous-région entre des Projets dont les appuis ne suivaient pas les mêmes logiques ou relevaient de mécanismes d'appui contradictoires. Continuer ainsi n'eut pas permis de consolider une *Politique nationale*, ni conduit à l'émergence d'un *Système de formation professionnelle* cohérent, aussi devenait-il essentiel de mettre en place des Politiques dans tous les pays. Lors de la mission de formulation de la phase 2 de NIGETECH[81] que j'exécutai avec *Jacques G*, il nous fut explicitement demandé de programmer l'élaboration d'une *Politique nationale de FP* pour le Niger.

---

[81] Projet NIGETECH du Niger, exécuté par le BIT sur financement de l'UE

Nous fîmes remarquer qu'une telle tâche ne pouvait être confiée à un bureau d'étude lambda, comme cela avait été le cas pour la phase 1, mais plutôt à une *Organisation internationale* dotée d'un pouvoir régalien dans ce domaine, en l'occurrence le BIT. Notre proposition fut acceptée par le service technique de l'Union européenne à Bruxelles qui attribua la gestion de la phase 2 au BIT. Cela permit de garder l'équipe précédente qui maîtrisait très bien la situation, au regard de l'immensité du programme et du pays.

C'est dans ce contexte que j'acceptai l'offre du BIT de me recruter[82] comme conseiller technique pour l'exécution de cette phase aux côtés de *Sandro M*, maintenu à son poste de CTP. Arrivé au siège, j'eus la surprise de voir écrit sur la porte de mon futur bureau en gros caractères : EXPERT EN POLITIQUE DE FORMATION PROFESSIONNELLE. Je fis remarquer à un collègue que c'était peut-être un peu exagéré et que je n'étais pas sûr de l'être, mais il me répondit que d'ici quelques mois, ce titre serait parfaitement justifié ! Il eut raison car je le devins assez rapidement. Cette anecdote confirme la nécessité d'avoir confiance en soi lors des opportunités de travail qui nous sont offertes. Ou que *l'occasion fait le larron*, diront certains. Mais dans le cas présent, au prix d'un travail acharné ! Les activités menées par le Projet furent proportionnées à la taille du pays et gérées habilement par le CTP en chef d'entreprise.

Sur la question de la *Politique nationale de FP*, nous travaillâmes en partenariat avec la Direction technique en charge de la FP et un Projet de la *Coopération française* et nous organisâmes ensemble des *Assises de*

---

[82] Une situation peu ordinaire pour quelqu'un qui avait contribuer à l'élaboration du Document de Projet de ladite phase. Toutefois pertinente !

la formation professionnelle qui permirent d'en jeter les bases. La réflexion porta notamment sur la définition formelle de certains types et modes de formation, les conditions de leur mise en œuvre, leur financement, via une structure ad hoc, l'élaboration des documents pédagogiques, sur la base de canevas précis, etc. Je propose de décrire ci-dessous onze types d'actions menées le Projet Nigetech qui recoupent les composantes de toute Politique nationale de FP :

1. Formations initiales ou continues
2. Contribution des bénéficiaires
3. Outils pédagogiques
4. Durée des modules
5. Orientation professionnelle
6. Mise en œuvre des modules de formation
7. Localisation des formations
8. Fonds pour la formation professionnelle
9. Formations novatrices
10. Formations professionnalisantes
11. Approche par la demande

L'évaluation de la phase 1 du Projet avait mis en évidence l'existence d'actions à restructurer et à rationaliser, aussi avions nous programmé leurs corrections, via de nouvelles activités, et formulé, dans le même temps, quelques propositions innovantes, notamment sur l'apprentissage et l'insertion. Autant d'actions, on l'aura compris, qui furent menées en parallèles avec l'élaboration et la définition des éléments constitutifs de la *Politique nationale de formation professionnelle* et permirent d'en tester et d'en valider le bien fondé et les principes.

1 : Des formations initiales ou continues

Une centaine de packages de modules de formation dans différentes filières furent élaborés lors de la phase 1, ce qui constitua en soi un bon résultat. Ces modules, considérés comme des renforcements de compétences pour des jeunes en activité, relevaient de la *formation continue,* mais on pouvait les considérer comme de la *formation initiale* dans la mesure où le fait d'en enchaîner jusqu'à dix ou douze de niveau progressif dans la même filière, équivalait, pour les participants, à une *formation initiale.*

- C'est un peu ambigu votre distinction entre ces deux piliers de la formation professionnelle, fait remarquer Guillaume ! Il serait bon de nous éclairer sur ces concepts.

- C'est assez simple, pourtant : la formation initiale concerne des personnes qui débutent, des jeunes le plus souvent, qui n'ont pas de compétences antérieures, et pour qui la formation durera entre deux et trois ans, et sera validée par un diplôme, alors que la formation continue concerne des personnes qui travaillent et veulent renforcer leurs compétences, voire en acquérir de nouvelles, en suivant des modules de formation courts, validés le plus souvent par un simple certificat.

- Je vois, répond Guillaume, et comprend que les modules déroulés par Nigetech lors de la phase 1 s'apparentaient aux deux.

- Tu verras que nous développerons par la suite des formations dérivées de ces deux premières, courtes et professionnalisantes.

2 : La contribution des bénéficiaires

La question du financement des sessions de formation fut posée entre l'évaluation de la phase 1 et la programmation de la phase 2. Elle suscita des discussions animées avec l'équipe sortante, tant il est vrai que cette question sembla complexe et opposa deux écoles. Verser des subsides aux bénéficiaires de formation, comme le faisaient de nombreux Projets, ou leur demander une contribution, telle fut la question. L'idée de demander une contribution en contrepartie des formations reçues fut considérée par certains comme nécessaire autant que constructive, pour d'autres, inopportune !

Cette décision fut un peu rude, il est vrai, et un peu révolutionnaire, mais elle était inévitable et faisait l'objet d'une réflexion menée à l'échelle internationale, sur le thème des *Services d'Appui aux Entreprises* (SAE, en français), et *Busines Development Services* (BDS). Cette nouvelle politique s'inscrivit tant dans la recherche d'une plus forte motivation des participants, que dans l'idée de les inscrire dans une réflexion structurante sur le développement de leurs activités et/ou entreprises. On parlerait aujourd'hui de « *donnant donnant* ».

Jacques G et moi faisions partie des partisans de cette réforme, de ce changement de paradigme, d'inversion des flux, pourrait-on dire, car nous savions que chacun y trouverait son compte. Nous décidâmes de demander au CTP d'amorcer le processus avant la fin de la première phase. Ce qu'il fit en informant les bénéficiaires qu'il ne leur serait plus versé de subside lors des formations à venir, au titre de la phase en cours. Puis, au commencement de la deuxième phase, l'autre moitié du chemin fut franchie quand il leur fut annoncé qu'ils devraient désormais s'acquitter d'une contribution dont le montant fut fixé à 2 500 francs CFA (4 euros) par module de 40 heures.

Une somme symbolique au regard des coûts réels, mais significative et structurante. Il n'y eut pas de grincements de dents, quant à l'application de cette réforme. La chose fut acquise, les participants ne reçurent plus rien et payèrent tous leur quote-part ! Il est vrai que la réputation des formations dispensées par le Projet était excellente et les candidats se bousculaient au portillon lors des inscriptions.

Dans un village près de Maradi, *Idy M* et moi expliquâmes aux autorités villageoises que chaque participant devait s'acquitter d'une contribution de 2 500 frs CFA, mais ils refusèrent tout net, prétextant que cela se passait autrement avant. Nous discutâmes un peu de la question, mais sans succès, aussi, pour finir, nous partîmes, sans planifier de formations. Quelques jours plus tard ils appelèrent le CTP et demandèrent la formation en prenant soin de confirmer que tout le monde paierait !

3 : Les outils pédagogiques

Les manuels conçus lors de la phase 1 du Projet étaient faits de *bric et de broc*, élaborés sans canevas ni stratégie en termes de pédagogie. Il s'agissait de compilations de pages photocopiées dans des manuels techniques, avec à la clef une multiplicité de styles et des répétitions de numéros de pages. Il convenait de les remettre à plat, d'élaborer un schéma de structuration, puis d'élaborer pour chaque module, un *manuel technique*, un *guide du formateur*, voire un *manuel méthodologique*.

Toutes les étapes furent franchies, les canevas élaborés, les documents types rédigés, les meilleurs formateurs formés à l'élaboration de documents pédagogiques, les manuels écrits puis démultipliés, et l'ensemble des formateurs briefés sur leur utilisation. Quelques épisodes donnèrent du relief à l'aventure.

Il y avait un formateur en travail de l'os de chameau qui était bon pédagogue mais analphabète et donc incapable d'élaborer un document pédagogique. Ce qu'il réussit pourtant à faire avec l'aide d'un collègue formé pour la circonstance. Il fut même envoyé à Ouagadougou pour y former des artisans du *Village artisanal* au travail de l'os de chameau. Celui-ci, une fois travaillé, est beau comme de l'ivoire, et contrairement à ce dernier, son commerce n'est pas interdit. Il y a d'énormes possibilités avec cette matière première.

Profitant de mon expérience dans le domaine de l'hôtellerie et de la restauration, je m'occupai personnellement des modules *Étages et chambres*, pour le personnel de ménage, et *Bivouac*, pour la cuisine à l'arrière des 4x4 lors des excursions en brousse. Pour celui, sur la cuisine, qui faisait l'objet d'une forte demande des restaurateurs, le CTP fit venir un jeune cuisinier de Cotonou que je formai à son arrivée et accompagnai pour la rédaction des premiers manuel et guide. Puis il élabora seul les documents pédagogiques pour les modules suivants qu'il dispensa après mon départ dans toutes les régions. Lors d'une mission que j'effectuai peu après, un directeur d'hôtel me dit que ces formations leur furent très utiles.

4 : La durée des modules
La durée des modules Nigetech, forfaitairement fixée à 40 heures au démarrage du Projet, pouvait s'avérer pertinente, mais dans le même temps, trop courte ou trop longue, selon le cas. Nous convînmes du fait que les modules seraient conçus sans contrainte de durée, certains de plus de 40 heures, d'autres de moins. De ce fait, les suivants furent calés sur les durées considérées comme nécessaires pour atteindre les objectifs visés.

Il est bon de préciser que la pédagogie retenue lors du montage des formations, en phase 2, fut proche de la *formation par objectifs (par compétences)*. La structuration des manuels fut très clairement axée sur les objectifs pédagogiques, séance par séance, avec contrôles des compétences acquises à la clef. Il s'agit là d'un autre élément stratégique majeur de toute Politique de formation professionnelle.

5 : L'orientation professionnelle

Dans l'une des recommandations prises lors d'une *Conférence internationale du Travail*, le BIT associa la formation professionnelle à *l'orientation professionnelle*, ce qui constitua une forte avancée tant il y a de lacunes dans les programmes de formation du fait du peu d'intérêt porté à *l'orientation* des apprenants au démarrage de leur parcours de formation. J'en pris connaissance peu avant de partir au Burkina Faso et me promis d'en tenir compte dans les activités du Projet. À Nigetech, le thème de l'orientation fut pris en compte dès la phase 1 par le CTP qui initia des *Journées d'Information Technologique* (JIT) qui marchèrent bien, et dont la portée fut élargie par la suite.

L'*orientation* constitue l'un des maillons clefs, on le verra, dans le *parcours d'insertion* des jeunes, dont il sera question au chapitre consacré à l'*insertion*[83].

---

[83] Page 159

6 : La mise en œuvre des modules de formation

L'idée de l'élaboration d'un *Manuel de méthodologie* fut liée à celle d'assurer une bonne organisation des modules de formation, concernant le choix des salles, du matériel, des horaires, etc.

Trop souvent, les modules de formation sont organisés à la va vite, ce qui n'en facilite pas un bon déroulement.

Il est important en effet de laisser derrière soi ce type de document pour permettre à celles et ceux qui viendront plus tard monter des formations, disposent des modes d'emploi de leur mise en œuvre.

Aussi avons-nous opté, à Nigetech, pour l'élaboration de *Manuels de méthodologie* pour la plupart des modules, ou séries de modules. Lors de la création du *Fonds national de financement de la FP*, ces manuels furent retenu comme utiles et, à ce titre, recommandés.

7 : Localisation des formations

De façon générale, organiser des formations courtes, de type continue, est souvent source de difficultés, en termes de disponibilité des salles. Dans les *Centres de formation*, elles sont généralement occupées pour les séances de *formation initiale* et il faut beaucoup de bonne volonté de la part des directeurs pour y loger des sessions de *formation continue*, voire des *séances de formation d'apprentis*.

- Est-ce que cela ne devrait pas être pensé lors de la construction des centres, avec des aménagements de type multifonctionnel, pour accueillir différentes formations dans une même salle, demande Guillaume ?

- Si, effectivement, mais l'idée est rarement prise en compte. Nigetech organisait les formations dans et avec les antennes du Projet qui ne disposaient pas de salles de formation, aussi la question de sa localisation se posait-elle à chaque fois !

- Mais alors comment faisaient-elles, demande Guillaume ?

- Sandro M, le CTP, se comporta dès la première phase de façon pragmatique. Il demanda aux chefs d'antennes de chercher des sites appropriés, sans fioriture ni chichi, mais fonctionnels : de l'atelier dans un lycée technique à un arbre dans un village sous lequel étaient installés des établis et des outils !

- Il eut été peu pertinent de construire des salles au titre du Projet, dit Guillaume. Cela aurait coûté cher et ne se serait pas forcément inscrit dans le système local de formation, à terme.

- Absolument, raison pour laquelle le Projet s'appuya sur ce qui existait. Le matériel pédagogique fut transporté en camion sur les sites de formation depuis Niamey, à chaque nouvelle formation délocalisée, mis à disposition des antennes, utilisé le temps de la formation, puis rapporté à Niamey. Les rouages du processus de montage des modules in situ étaient rodés et huilés et tout marchait bien.

Cette expérience eut tout lieu d'être considérée comme pilote dans un contexte où l'organisation des formations fut souvent source de pertes de temps et d'argent.

- C'est quasiment ce que certains appellent la *formation mobile*, dit Guillaume.

- Mais oui, tu as raison, et je vais te raconter comment j'ai tenté quelques années plus tard de le démontrer lors d'un séminaire consacré à la formation mobile. Sans succès, malheureusement.

Lors d'un séminaire UNESCO à Saly Portudal, au Sénégal, consacré à la formation décentralisée, la référence retenue par les organisateurs fut celle, en Côte d'Ivoire, des *camions mobiles*, considérés comme la solution idéale.

Ce qui ne fut pas dit ce jour-là, c'est que les Ivoiriens avertis les appelaient *les camions immobiles* du fait de l'échec de ce Projet qui n'atteignit jamais les résultats attendus ! Il n'en fut pas moins pris, ce jour-là, à Saly, comme *la référence* à suivre !

Je pris la parole pour évoquer l'expérience de Nigetech et montrer comment on pouvait organiser des formations mobiles sans investissement lourd à la clé, ni frais d'entretien coûteux. Le chef d'une direction technique du ministère de la FP m'interrompit avant que je n'aie le temps de poursuivre et déclara : *« Nous ne sommes pas ici pour parler du Niger ! »*

- À chacun ses références, dit Guillaume !

- Oui, en effet. La Côte d'Ivoire, pays riche s'il en est, en est une.

Revenons à l'expérience de Nigetech pour faire mentir ce directeur peu amène vis-à-vis de ses homologues nigériens ! Le matériel pédagogique de Nigetech tournait à moindres frais, sans souci de gestion d'un parc automobile qui aurait généré de gros problèmes de déplacement et d'entretien des véhicules si le Projet en avait eu la charge.

Le matériel restait sur place le temps de la formation, puis un camion venait le chercher pour le rapatrier à Niamey ou le déposer dans un autre site. Le Projet installait un panneau indicatif à l'entrée des villages où était organisée une formation. Celui-ci restait une fois la session achevée et constituait, de fait, une publicité pour Nigetech.

Au grand dam de ses partenaires !

Il y a un autre exemple intéressant de localisation des formations que j'ai pu observer des Centres, les restaurants des écoles hôtelières. Le problème y est double car il concerne (1) par définition le positionnement du restaurant, qui trop souvent est à l'intérieur de l'école, sans ouverture sur l'extérieur et la clientèle, ce qui en fait plus un réfectoire qu'une salle de restaurant, mais aussi (2) la dimension pédagogique et l'incapacité des Centres à mettre les apprenants en situation de production et de marché.

8 : Les Fonds pour la formation

Un autre volet majeur de la Politique de FP est celui du financement des formations, parallèlement aux contributions des bénéficiaires qui restent, on l'a compris, symboliques.

- Qu'en a-t-il été du paiement de la différence entre cette contribution et le coût réel de la formation, demande Guillaume ?

- Dans certains pays, il existait déjà un ou plusieurs *Fonds pour la formation professionnelle*, pas toujours dotés des moyens suffisants mais fonctionnels. Au Niger, en revanche, il n'y en avait pas. Il nous fallut le créer de toutes pièces. Nigetech y travailla en collaboration avec la Coopération française qui intervenait dans le secteur de la formation.

Un processus de réflexion fut lancé à l'échelle nationale via des *journées d'information* organisées dans tout le pays, en vue de la préparation des *Assises nationale de la FP*, thème par thème : structuration des documents, coût des formations, choix de filières, etc. Et bien sûr le *Fonds de formation*, dont le fonctionnement fut discuté chaudement, tout le monde n'étant pas toujours d'accord sur tout.

- Je me souviens d'un clash violent avec un coopérant français pour savoir si l'utilisation des fonds pourrait être ciblée sur des publics spécifiques, femmes, jeunes, handicapés ou autres, en fonction des desiderata des bailleurs.

- Et alors, demande Guillaume, ils voulaient que tous les fonds reçus des bailleurs soient mutualisés ?

- Oui, et les discussions furent tendues. Pour ma part je trouvais stupide de ne pas accepter l'argent de bailleurs qui ciblaient des publics spécifiques, à partir du moment où il s'agissait de leur stratégie.

Etant acquis qu'ils voulaient les cibler, nous risquions de priver le Fonds d'une partie de ses moyens en voulant à tout prix les mutualiser, ou en d'autres termes les utiliser pour tous les publics.

Les deux Projets mirent en place le *Fonds*, aménagèrent un local, recrutèrent et formèrent un directeur et des agents, élaborèrent des protocoles de financement des actions de formation en fonction du statut des promoteurs, par catégories, avec des critères de durée, d'agrément des centres, de présentation des manuels pédagogiques, la prise en compte de groupements de formateurs en tant qu'*opérateurs de formation,* au même titre que les établissements, etc. Les Projets abondèrent ensuite au Fonds, pour qu'il puisse démarrer, après avoir attendu des mois la contribution du gouvernement censée être apportée avant les leurs ! Le Fonds fonctionna assez rapidement et finança des formations dans tout le pays. Le principe d'un archivage des manuels pédagogiques retenus lors des Assises fut entériné et chaque opérateur dut remettre un jeu de manuels lors du montage des formations financées par le Fonds.

Derrière cette contrainte, il y avait l'idée de tenir à la disposition des formateurs à l'échelle nationale, des *manuels prêts à l'emploi*, et ce dans différentes filières. La grande diversité des activités et métiers ayant fait l'objet de formations par Nigetech permit de constituer un stock de manuels riche.

9 : Des formations novatrices

Le classicisme dans le choix des filières proposées par les *Centres de formation professionnelle* (CFP) depuis des décennies constituait l'une des causes majeures de leur inadaptation aux marchés, à l'offre d'emploi, et à l'évolution des besoins des populations. Les Centres restaient calés sur menuiserie bois, mécanique moteur, soudure métallique, électricité, pour les garçons, couture, coiffure, activités ménagères, voire cuisine (limitée le plus souvent à sa dimension familiale), pour les filles ! Il y a des exceptions qui confirment la règle, heureusement, et des exemples de formations originales, utiles et adaptées aux besoins. Au Mali, le Projet mena par exemple une formation sur l'établissement des devis par les artisans, en vue de la vente d'un produit ou d'un service à un client. La question du prix fut considérée au début des années 80 comme essentielle et le Projet imagina un mécanisme d'élaboration des devis simple et facile à appliquer.

Il s'appuyait sur le coût total des intrants (matière première, machinage, transport, petits accessoires, pointes, colle, etc.), auquel était ajouté 30 % de ce dernier pour la main-d'œuvre. Ce principe, s'il n'est pas applicable à tous les secteurs, l'est très souvent, et constitue un excellent moyen de ne pas tomber dans l'approximatif et la très regrettable stratégie du *moins cher*.

D'autres formations intéressantes concernèrent l'élaboration et la construction de machines-outils, presse, scie électrique, plieuse et autres, dont certaines furent largement diffusées dans le pays.

Au Burkina Faso, j'eus moi-même l'occasion d'organiser une formation en fabrication de machine-outil avec un artisan que je fis venir du Mali. On peut dire que dans ce domaine, le Projet fit preuve d'innovation. Pendant les deux dernières années, je mis l'accent sur la recherche de qualité des produits, un problème majeur, on le sait, au regard de cette *foutue* théorie du *moins cher*. Il n'est pas simple d'expliquer aux artisans comment défendre la qualité de leurs produits, et en justifier le prix, peut-être plus élevé, en garantie de leur durabilité.

Je me souviens de quelques cas qui confirment sans doute la règle. À Bamako, j'ai vu dans le marché de la forge, fonderie, ferblanterie du 2e arrondissement, des seaux en fer blanc empilés les uns sur les autres, le forgeron ayant pris soin de les positionner de façon que les coutures du rebord supérieur soient décalées d'un seau à l'autre du même écart, ce qui créait une très jolie spirale qui s'enroulait autour de la pile de seaux, de bas en haut ! Un bonheur pour le client avisé, et un plaisir du travail bien fait, sans nul doute, pour le forgeron. Au Bénin, un artisan[84] d'Abomey m'expliqua en ces termes la différence entre les *tentures* qu'il fabriquait avec des produits naturels, et celles de ses concurrents, faites avec des teintures chimiques : « *Les tentures que fabrique ma famille coûtent plus cher que les autres, c'est vrai, mais elles sont plus belles, et nous travaillons selon la tradition avec des produits naturels.* »

---

[84] Ce fabricant utilise des teintures naturelles et se fait appeler *tenturier*.

- Voilà des artisans capables de défendre la qualité de leurs produits, dit Guillaume, c'est assez rare, non ?

Je ne cesse d'évoquer ces exemples car je compte sur les doigts d'une main ces artisans qui font preuve d'une maîtrise du prix de leurs produits, au regard de leur qualité.

Au Burkina Faso, dans le Projet appelé Boutique d'appui, l'équipe eut connaissance de la fabrication locale par le Collège technique d'outils de réparation des deux roues, omniprésentes on le sait dans les grandes villes. Sous l'impulsion de formateurs avisés, les élèves fabriquaient la quasi-totalité des outils nécessaires, et ce, à des prix très concurrentiels. Le Projet décida d'en faire la promotion dans son local d'information et organisa une formation sur la fabrication des tables de travail, plateformes basses sur lesquelles sont posées les mobylettes de façon à être réparées sans que le mécanicien pose les pièces du moteur démontées dans le sable, et l'introduise dans le moteur lors de leur remontage.

Au Niger, le Projet Nigetech imagina, on l'a vu, une centaine de modules de formation continue dans des domaines inattendus mais pertinents, novateurs et adaptés au marché et aux besoins. On peut évoquer à ce propos, outre les modules classiques des formations de base, mécanique, menuiserie, couture, les thèmes Parc et jardin, Sculpture sur os de chameau, Maintenance audiovisuelle, Photographie, Chauffeur dépanneur, Construction d'une brouette, Initiation au dessin, Entretien de machines à coudre, Froid et climatisation, Fabrication de presse à briques et d'escabeau, auxquels s'ajoutèrent, lors de la phase 2, on l'a dit, les modules Cuisine de bivouac, Étages et chambres, Cuisine de restaurant.

Le Projet ayant été sollicité par des agences de tourisme pour la formation de leurs guides, j'eus l'opportunité d'élaborer un module très intéressant avec un consultant touareg sur la formation des guides pour les régions nord : Aïr et Ténéré.

Ayant une certaine expérience dans ce domaine je pris la chose en main. Il me sembla pertinent de considérer que la meilleure façon d'identifier les questions que les touristes ne manqueraient pas de poser à leurs *guides* était de faire le circuit, d'observer, de noter et, au retour, d'élaborer le *guide papier* avec les réponses aux questions.

Je soumis le projet au CTP, surpris au premier abord par mon intention de faire un voyage dans le Nord aux frais du Projet, puis il convint du bien-fondé du projet et l'accepta, ajoutant qu'il serait du voyage ! Nous le combinâmes avec celui que souhaitaient faire des amis et partîmes huit jours en deux voitures avec un guide franco-nigérien, *Akli Joulia*, propriétaire d'une auberge[85] à Agadez bâtie en briques de terre selon la technique de la *construction sans bois*. Chaque soir nous organisâmes une réunion pour discuter de ce que nous avions fait et vu et chacun posa des questions que je notai aussitôt. Au retour, je fis appel à un touareg lettré, par ailleurs directeur d'un hôtel à Niamey, à qui je demandai d'apporter les réponses aux questions identifiées lors du voyage. Après cela, je rédigeai le *guide papier* en y ajoutant quelques considérations qui me parurent utiles. Il en fut une qui étonna quelque peu mes collègues au Projet mais que je savais relever d'une attitude courante chez les touristes, qu'il me sembla utile d'argumenter, la fâcheuse habitude de ces derniers à *péter* bruyamment, déclenchant généralement le rire de leurs voisins.

---

[85] L'auberge d'Azel.

Mon ami touareg me fit part à ce propos d'une histoire qui se raconte souvent dans les familles. *« Un père de famille à qui un jeune homme de bonne famille vient demander la main de sa fille mais qui, malencontreusement, lâche un pet bruyant devant son future beau-père. Lequel, outragé par ce pet inconvenant, la lui refuse. Peu après, le même beau-père lâche devant son ex-beau-fils lors d'une cérémonie, un pet tout aussi bruyant et malencontreux qui l'oblige à faire amende honorable et à lui donner la main de sa fille. »*

Un autre sujet fut ajouté au guide tant il est rare et beau : le *chant des dunes*. Notre guide, Akli, nous conduisit à travers les montagnes de roches noires de l'Aïr puis dans les immenses étendues de sable clair du Ténéré jusqu'à la montagne de marbre bleu qui émerge comme in iceberg au milieu des dunes dans un lieu absolument majestueux Nous y installâmes notre campement et Akli partit se promener derrière la montagne. Peu après j'en fis de même et cheminai sur ses traces jusqu'à l'apercevoir en haut d'une dune d'où il me fit signe de le rejoindre.

Il était assis sur le sable, les yeux rivés sur le Nord. « *Regarde Éric, penses-tu que l'on puisse voir quelque chose de plus beau que ça ?* » Nous rentrâmes vers le campement en grimpant de dune en dune. À la descente de l'une d'elles nous déclenchâmes une petite avalanche de sable et entendîmes un bruit étourdissant, tel celui d'un avion qui serait passé juste au-dessus de nos têtes.

Akli hurla en dressant les bras vers le ciel : « *Écoute, Éric, c'est le chant des dunes. Nous avons une chance inouïe de l'entendre, c'est très rare !* » Je fus totalement subjugué par la puissance sonore du bruit que nous entendions. Je sentis les plaques bouger sous mes pieds et collai mon oreille sur le sable pour comprendre d'où venait ce bruit.

La scène fut totalement surréaliste et Akli m'expliqua que c'était un phénomène assez rare appelé le *chant des dunes*, et que c'était vraiment notre jour de chance de l'avoir entendu.

Quelques semaines plus tard, sur le point de boucler le texte du guide, j'eus soudain des doutes sur cette histoire de *chant des dunes* et me demandai s'il ne s'agissait pas d'une histoire de *dahus*[86] à la nigérienne. J'appelai alors Akli pour qu'il me confirme l'exactitude de cette affaire de *chant des dunes* que je m'apprêtais à relater dans le guide. Il m'assura de sa véracité et je pus terminer la rédaction du document l'esprit tranquille. Peu après, une émission de télévision qui rendait compte d'un test en laboratoire reproduisant des glissement de plaques de sable durcies les unes sur les autres, me confirma que le *chant des dunes* était bien réel.

10 : Les formations professionnalisantes
Le principe des *formations professionnalisantes* est de mettre directement les apprenants en situation de production et de marché, à l'instar des *pépinières d'entreprises, chantiers écoles, mises à niveau, incubateurs d'entreprises*, dont on parle beaucoup aujourd'hui. Il s'est agi d'une évolution majeure dans la mesure où il fut proposé de bousculer les habitudes de proposer indéfiniment les mêmes filières de formation. Le projet Nigetech initia, en phase 2, les *formations initiales professionnalisantes*, appelées FIP, qui ouvrirent la voie à des mécanismes d'insertion réalistes

---

[86] La chasse au *dahus* est un jeu que l'on organise pour se moquer des enfants à qui l'on explique que les pattes gauches de cet animal sont plus longues que celles de droite, ce qui lui permet de marcher facilement sur les pentes, à condition de de ne pas se retourner et marcher dans l'autre sens, sinon il tombe !

et efficaces, sur la base de modules courts permettant à des jeunes d'acquérir les compétences utiles et nécessaires à l'exécution de tâches précises, en vue de la création d'une micro ou petite entreprise et, à travers elle, de leur propre emploi. Il était intéressant d'ouvrir ces formations sur des secteurs porteurs d'emplois répondant à des besoins nouveaux n'ayant jamais été pris en compte dans les programmes.

- Vous étiez en avance sur le temps, dit Guillaume, avec ces FIP !

- Oui, un peu ! Nous en reparlerons à propos d'insertion.

En fait, la force des FIT fut de mettre les participants en situation de production et de marché, selon leur définition.

- C'est un peu le procès des formations classiques que vous faites là, dit Guillaume !

- En quelque sorte, mais moins pour les rayer de la carte que pour inciter les acteurs de la formation à en organiser et à les ouvrir sur les métiers porteurs et les nouvelles opportunités d'emplois, de façon à aider les jeunes à acquérir des compétences dans ces nouveaux secteurs d'activité et à faciliter la création d'entreprises et d'emplois.

- On peut dire que les FIP constituent, sous leur nom générique de *formation professionnalisante*, un élément des Politiques nationales.

L'expérience du Niger pour le financement des FIP

Le financement des créations d'entreprises des participants aux FIP nécessita que soit identifiée une structure financière ad hoc, IMF ou banque. Au Niger à cette époque, le secteur de la microfinance était sinistré depuis le dernier coup d'État et le départ précipité de l'aide américaine traduite par l'abandon de son réseau de caisses d'épargne et son naufrage, ce qui provoqua des pertes considérables chez les petits épargnants. D'où leur méfiance vis-à-vis du système.

Du fait de mon expérience des *caisses associatives d'épargne et de crédit* du Mali, je fus en mesure de mener une réflexion sur cette question et de rechercher des partenariats avec des structures financières.

L'idée était d'y créer un fonds spécial alimenté conjointement par l'IMF et le Projet qui disposait d'une ligne budgétaire à cette fin, selon un quota à définir, avec partage des risques, ce, selon un schéma classique, avec un risque encouru limité, en cas de mauvais remboursements, voire de non-remboursements, vu la faiblesse des montants qui seraient accordés aux jeunes.

Le pari en valait la peine, mais c'était sans compter sur le point de vue de la Délégation de l'UE, bailleur de fonds du Projet, très frileuse dans le domaine du financement des créations d'entreprise, par suite d'expériences malheureuses menées dans la sous-région. Elle imposa au Projet un consultant externe pour effectuer une mission d'étude du secteur financier local et proposer un montage technique, lequel, conclut, à l'issue de sa mission, qu'aucune caisse ne permettait de construire un partenariat fiable, ce qui sonna la fin du montage financier attendu. J'ai regretté amèrement ce choix hâtif et peu courageux qui priva le Projet d'une composante essentielle des FIP.

La solution proposée, après que cette mission eut englouti une part conséquente du budget dont disposait Nigetech pour financer les projets d'entreprises des sortants des FIP, d'utiliser les fonds restants et de les leur verser directement. Selon le vieux principe considéré à cette époque comme obsolète. Dommage que le Projet n'ait pas pu gérer cette question sans l'intrusion de la Délégation.

> **Petit règlement de compte entre collègues**
> Pas rancunier, mais doté d'un certain sens de l'humour, je conclus cette affaire entre deux portes, le jour où l'éminent consultant passa devant mon bureau, marqua le pas et me salua brièvement :
>
> Moi : « *Alors comment vont les conquérants de l'inutile ?* »
>
> Lui (qui passa la tête dans l'embrasure de la porte après être revenu sur ses pas) : « *Est-ce un compliment ou un reproche ?* »
>
> Moi : « *C'est comme tu veux.* »

11 : L'approche par la demande

Au regard des modes et types de formation technique et professionnelle, il convient de se pencher sur une stratégie qui devrait aujourd'hui s'imposer et constituer la référence pour bien des structures de formation : *l'approche par la demande*.

J'en rêvai pendant des années et ce ne fut qu'après avoir mis un terme à ma carrière de Chef de Projet que l'occasion de travailler selon cette approche me fut offerte par le BIT, au Cabo Verde, quand la Coopération luxembourgeoise fit la proposition au Bureau régional du BIT de Dakar, d'y élaborer et d'y mettre en œuvre un Projet basé sur *l'approche par la demande*. Le spécialiste entreprise au sein du Bureau de Dakar, *Cheikh B*[35], pensa tout de suite à moi.

Je lui répondis que j'étais à la retraite et ne voulais plus travailler, cependant la perspective d'aborder la problématique de l'insertion par *la demande* me séduisit, aussi décidai-je d'accepter sa proposition. J'allai pouvoir aborder la question de l'insertion par le côté qui nous était jusque-là inaccessible du fait de notre *confinement* dans l'approche par l'offre.

Pour une fois, nous pourrions mettre en place un mécanisme d'écoute des jeunes candidats à la création de petites activités économiques, génératrices d'emplois et de revenus, et leur proposer des formations en réponses à leurs besoins et *demandes*. C'était une superbe occasion de puiser dans les acquis de mes vingt dernières années de travail et d'en faire une sorte de synthèse.

- Excusez-moi, dit Guillaume, pouvez-vous préciser ce que vous entendez par *approche par la demande* ?

- Voilà une bonne question, si je puis dire. Il y a différentes façons d'aborder la formation professionnelle, la première *par l'offre* et la seconde *par la demande*.

L'approche par l'offre est la plus courante. Elle consiste à proposer des formations dans des filières données, année après année, dispensées sous différentes formes : initiales, longues, ou continues, alternées et plus courtes. Ces formations sont généralement axées sur les mêmes filières, comme j'ai eu à le dire[87]. Cela finit par donner lieu à l'émergence d'un nombre excessif de jeunes formés dans les mêmes domaines, quand il faudrait au contraire en former dans des filières novatrices qui répondent aux nouveaux besoins du marché. Une particularité de *l'approche par l'offre* est sa facilité de mise en œuvre et sa rentabilité, du fait que l'on propose chaque année les mêmes modules dans les mêmes centres de formation, avec les mêmes programmes,

---

[87] Pour les filles, couture, broderie, coiffure, cuisine/restauration, pour les garçons, menuiserie bois ou métallique, mécanique, maçonnerie et à moindre échelle quelques métiers secondaires du bâtiment)

vendus à l'année et non pas par module ou session comme dans la formation continue.

L'approche par la demande est une pratique moins courante, très intéressante, plus difficile et coûteuse à mettre en œuvre, mais à même de donner des résultats probants en matière d'emploi et d'insertion. Elle consiste à répondre aux demandes de personnes qui ont des idées d'entreprises en tête, et envie de les créer, mais ne peuvent le faire faute de tout ou partie des compétences utiles et nécessaires. Le principe est donc d'inviter ces porteurs de projets d'entreprises à demander les formations dont ils ont besoin, en précisant dans quels domaines, ou pour quels types de postes et de travail précis. Cela se pratique beaucoup dans le secteur industriel où des entreprises demandent aux *Chambres de commerce* ou aux *Fédérations corporatives* d'élaborer des modules de formation au coup par coup, pour leur personnel, afin d'anticiper sur le développement de nouvelles technologies et process de fabrication. Dans le secteur artisanal et celui de la micro-entreprise, cette approche est quasi inexistante.

- *Cheikh B* et moi avions toutes les cartes en mains, après deux décennies de collaboration sur le terrain où furent élaborés les méthodologies, les types de formation et les manuels techniques auxquels nous aurions à recourir pour monter les formations attendues.

- En quoi la programmation des activités du Projet allaient-elles diverger de celles des Projets précédents, demande Guillaume ?

- En bien des points, tu peux l'imaginer. Opter pour *l'approche par la demande* nous imposait de mettre en place un mécanisme d'écoute et de prise en compte des *besoins précis des candidats à la création d'entreprises* et, de ce fait, *en mal de compétences*.

La mission de formulation identifia les structures capables de sortir de leurs vieilles habitudes de formation initiale et de s'ouvrir à l'idée de monter des formations professionnalisantes courtes. La direction de l'emploi et de la formation qui assurait la tutelle de la mission avait déjà mené des actions de ce type et vit dans ce projet une perspective intéressante pour le pays. Le défi fut lourd mais passionnant, et je m'appuyai pour l'élaboration du document de Projet, sur les collaborateurs du BIT en place, dont une collègue et amie capverdienne, *Dinastela C*[36] qui avait une grande connaissance des réalités économiques et politiques du pays, et dont les conseils et apports constituaient une forte plus-value.

Je mis le focus, en termes de créneaux porteurs, sur les *emplois verts*, les *nouvelles technologies*, les *emplois culturels*, l'*écotourisme*, les *économies créatives*, les *énergies renouvelables*. Ces secteurs constituent un véritable terreau d'idées pour des activités rémunératrices, et autant d'opportunités pour les jeunes de générer des revenus. Je pensai aux belles maisons portugaises du 19e siècle pour y créer des chambres d'hôtes, aux randonnées dans les montagnes de Santo Antao, à la finition des petites maisons accrochées aux flancs des montagnes, dont certaines sont finies et colorées, mais d'autres restées à l'état d'enduits faute de moyens, et peut-être aussi pour éviter des taxes sur le bâti.

Le *solaire domestique* fut également retenu, utile dans les zones montagneuses où l'eau et l'électricité sont rares, de même que la fabrication des marionnettes et la construction des chars pour les festivals qui, au-delà du bénévolat, pourraient donner lieu à des activités / emplois rémunérés. Il fut décidé que des bureaux d'accueil des demandeurs de formation seraient ouverts dans les îles, avec en leur sein des équipes locales pour gérer les activités dans une logique de proximité, clé de voûte de la réussite du Projet. Nous pensâmes également à l'organisation de manifestations dans les villes et villages pour sensibiliser les jeunes sur les nouvelles opportunités d'emplois et de création d'entreprises, étant acquis que ces dernières n'étaient pas encore connues du grand public.

Nous contactâmes les Centres de formation existants pour tester leurs capacités à s'ouvrir non seulement à la *formation professionnalisante*, car c'est bien de celle-ci qu'il allait s'agir, mais aussi à l'idée de devoir monter des formations dans des disciplines jamais abordées jusque-là, avec obligation de monter des petits programmes pédagogiques et d'élaborer les *manuel de l'apprenant, guide du formateur, manuel de méthodologie*, le cas échéant. Le défi était lourd mais tous comprirent que l'avenir de l'emploi des jeunes était concerné.

L'idée d'un prix pour récompenser la plus belle restauration de maison fut retenue, pour en encourager le principe au niveau de leurs propriétaires. Le but fut d'inciter des jeunes à constituer des petits groupements d'artisans de compétences plurielles capables de répondre aux demandes des propriétaires de ces maisons, et de leur proposer une restauration tous corps d'état. Ou presque ! Cheik B et moi trouvâmes, à ce sujet, un écho très favorable auprès du maire de Ribeira Grande, dans l'île de Santo Antao, qui nous dit avoir lui-même imaginé un mécanisme d'exonération des charges sur l'habitat, pour inciter les habitants à finir leurs maisons. Cette activité a un double intérêt du fait du confort apporté aux familles et de la beauté des maisons finies en termes d'écotourisme rural, très prisé au Cabo Verde où de nombreux touristes effectuent des randonnées et treks.

12 : La rénovation de l'apprentissage

L'apprentissage est un volet majeur de toute *Politique nationale de formation professionnelle* dans la mesure où, défini et balisé à l'échelle globale du secteur artisanal, il peut non seulement y améliorer les compétences des apprentis, mais aussi engager la structuration des ateliers/entreprises en y facilitant la hiérarchisation des postes, la pérennité desdites entreprises, et plus encore booster la croissance du secteur et sa place dans l'économie nationale. Nous avons longuement développé ce thème dans le chapitre consacré au renforcement de l'apprentissage (Chapitre 2 - Thème 4 - Page 91)

Les assises nationales sur la Politique de FP

Toutes les actions évoquées ci-dessus pour avoir été menées dans les Projets du BIT, notamment Nigetech, au Niger, l'ont été de concert avec la réflexion sur l'élaboration d'une *Politique nationale de FP*. Ce fut tant une nécessité, pour éviter les dérives de programmation, qu'une entreprise ardue, dans la mesure où le but était d'atteindre un consensus sur la quasi-totalité des volets concernés. Nigetech programma, au terme du processus, les *Assises nationales* avec les directions techniques compétentes et partenaires concernés.

Le siège du BIT à Genève nous envoya un expert, *René D*[37], avec lequel j'élaborai le document introductif des futures *Assises*. Ce document aborda tous les aspects de la problématique, dimension politique, fonctions, types et modes, cibles, concepts, ingénierie, analyse des besoins, gestion de la demande, etc. Il compta jusqu'à sept modules et plus de trente thèmes et séances et fut présenté aux partenaires publics et privés lors des *Assises* puis à travers le pays aux associations et groupements d'artisans.

L'apprentissage occupa une place majeure dans les débats et l'expérience de Nigetech fut mise à profit pour démontrer le bien fondé du principe de renforcement de l'apprentissage par le biais de l'alternance entre les ateliers et des lieux (temporaires le cas échéant) de formation. Ce package de documents sur la *Politique de formation professionnelle* fit du chemin après sa mise sur orbite aux *Assises* de Niamey, au sein de différents Projets et Bureaux d'étude, jusqu'au CESAG de Dakar pour un DESS, et pour des sessions de renforcement des formateurs GERME dans plusieurs pays.

> **Grains de sable dans l'organisation**
> Lors des *Assises de la FP* à Niamey, de nombreux participants refusèrent majoritairement le repas de midi qui leur fut offert, pour cause de ramadan, que nous oubliâmes de prendre en compte ! Ce petit couac généra deux autres réactions assez cocasses. Les jeûneurs eurent le culot de nous réclamer l'argent du repas, qui leur fut refusé, puis un collègue nigérien nous surprit en venant déjeuner avec nous, qui ne jeûnions pas, et plus encore en commentant son attitude par ces mots : « *Je suis d'origine musulmane mais je n'étais pas satisfait par la pratique religieuse. Je me suis converti au catholicisme qui ne m'a pas séduit non plus, j'ai un peu pratiqué le bouddhisme, et pour finir je ne crois plus en rien. Je suis athée !* »

Quelques remarques à caractère sociologique sur la formation

J'eus l'occasion de rencontrer pendant la période de rédaction du présent ouvrage un jeune chercheur en sociologie que j'avais connu au Mali, trente ans plus tôt : *Thomas M[38]*. Nous discutâmes longuement du contenu du livre et de mon souci de bien comprendre le fonctionnement des minorités socioprofessionnelles au sein desquelles j'intervins à l'époque, en Afrique de l'Ouest.

Je lui parlai à ce propos de l'idée que j'eus quelques années plus tôt d'intégrer des sociologues ou des psychologues dans les équipes des Projets. Il s'avéra qu'il avait une approche sociologique intéressante de la problématique de l'enseignement, en général, et de la formation professionnelle, en particulier, ce qui m'amena à lui poser de nombreuses questions. Voici quelques extraits de nos discussions :

❖ Thomas : « *Lorsqu'on intervient sur un groupe de professionnels, une grande attention doit être portée aux différentes formes de l'organisation du travail et des systèmes de valeurs dans lesquels sont pris ces professionnels, de même qu'aux systèmes d'interdépendances et d'attentes réciproques qui les lient, et forment un groupe professionnel autant qu'une communauté, un collectif humain au travail. Ce monde a un équilibre interne fragile et instable, sans cesse remis en cause, mais qui tient suffisamment pour être reconnu de l'extérieur comme existant et ayant une place au sein d'une société plus large (artisan, marché, formateur). L'observation sociologique constate que ces systèmes, autant qu'ils constituent des collectifs, forment des systèmes de pouvoirs (hiérarchies, attribution des tâches, autonomie ou non dans la définition du travail, capacité de décision. Ceux-ci constituent également des systèmes de places, avec leurs codes, leurs lois, leurs signes de prestiges et leurs mécanismes d'exclusion.* »

❖ Moi : Les stratégies de formation adoptées dans les Projets relèvent dans la plupart des cas des hommes de pouvoir, prétendus détenteurs de la science et des bonnes pratiques pédagogiques. Ceux-ci on l'aura compris, ne doutent pas de leurs capacités à savoir et pouvoir former les petits et à les aider à changer.

L'erreur que l'on observe le plus souvent en pareilles circonstances est de ne pas prendre en compte le fait que la possibilité de changer les *petits* est étroitement liée à l'ensemble de leurs propres valeurs technologiques, sociales, culturelles, religieuses, historiques, familiales. On pourrait parler d'une nébuleuse complexe et riche d'éléments que les *grands* ne maîtrisent peu ou pas alors que ce sont ces éléments qui vont décider de la réussite de l'action de formation.

❖ Thomas : « *Ceux que tu nommes les grands, sont grands par leurs capacités à se déclarer agents de changement et d'amélioration, en prétendant savoir mieux que les acteurs eux-mêmes ce que doivent être les modes de fonctionnement de ce monde.* »

❖ Guillaume : En fait vous posez ici la question de la coopération, me semble-t-il ?

❖ Thomas : « *Oui, d'une certaine façon. Comme l'intrusion dans les systèmes de valeurs, la relation de pouvoir (par les financements, l'octroi d'avantages ou de gratifications matérielles ou symboliques) ferait l'objet d'une trop grande critique si elle était annoncée d'emblée, aussi doit-elle prendre la forme d'une coopération, d'une aide désintéressée au service du monde qu'elle prétend transformer majoritairement en l'invitant à prendre exemple sur le système des grands.* »

❖ Guillaume : Lesquels grands étant eux-mêmes imbriqués dans leurs propres systèmes de valeurs et d'interdépendances.

❖ Moi : Évidemment, ce qui rend ladite action de formation doublement difficile. Si je peux me permettre de faire un parallèle avec ce que tu viens de nous expliquer, Thomas, je dirais que notre stratégie d'élaborer avec les patrons les formations destinées à leurs apprentis, en prenant en compte leurs propres logiques et programmes d'activités dans les ateliers, ne fut rien d'autre qu'une transposition dans les faits de ce dont nous parlons. En termes plus terre à terre, peut-être, mais quand même !

❖ Thomas : « *Le plus fascinant dans ce processus, est que dans cette configuration, les grands oubliant qu'eux-mêmes ont un monde, et étant dans une relation asymétrique aux petits, ne comprennent plus pourquoi les petits ne font pas exactement ce qu'ils leur expliquent : c'est-à-dire suivre les recommandations de la rationalité en évoluant dans le sens des grands. Les désajustements des petits au cadre sont alors lus comme de la faiblesse, de la bêtise, un manque qui justifie encore plus de renforcer la présence des grands et leur aide. Là où bien souvent le manque n'est en fait qu'un mécanisme de résistance des petits qui se cachent ou se moquent des grands, en tentant de conserver leur monde, comme ils le peuvent.* »

❖ Moi : Pour résumer tout cela et revenir à nos pratiques de terrain, je dirai qu'on ne peut pas intervenir efficacement sur un individu isolé si on ne l'appréhende pas comme un élément de sa communauté, ou dans le cas des jeunes apprentis, comme une maille du tissu artisanal dont ils sont partie prenante. On ne peut pas les en extraire sans tenir compte des autres !

On peut dire que la volonté de sortir de la logique de Projet géré par des *grands* et de passer à celle de structures locales d'appui, de conseil et de services, que *François R* et moi initiâmes au Mali, alla totalement dans le sens de tes propos.

❖ Guillaume : Je vois en quoi cela constitue un parallèle avec ce que Thomas vient de nous expliquer. Cela justifie votre crainte, Éric, des actions qui se focalisent sur les seuls apprentis, sans implication simultanée des autres travailleurs, ouvriers, compagnons, patrons. Étant acquis que ces actions qui tendent à sortir les jeunes prématurément de ce que vous appelez le tissu artisanal finissent par concourir à sa déstructuration quand il faudrait au contraire l'aider à se consolider.

Chapitre 8
Création et gestion d'entreprises

Au titre des exemples de formations thématiques, il en est d'autres qui revêtent une importance capitale : *la gestion et la création d'entreprises*, ainsi que *le développement de la culture d'entreprise*. Cela m'amène à évoquer les méthodologies SIYB[88]/GERME[89], et KAB[90]/CLE[91] en création, gestion et esprit d'entreprise, développées par le BIT dans le monde. Après avoir été introduites en Afrique de l'Est dans leur version originale, SIYB et KAB, via les Projets du Zimbabwe, du Kenya et d'Afrique du Sud, les deux méthodologies le furent en Afrique de l'Ouest à la fin des années 90.

La méthodologie GERME

La méthodologie GERME est basée sur trois composantes :
- *Trie (Trouvez votre idée d'entreprise)*, recherche de son idée d'entreprise,
- *Cree (Créez votre entreprise)*, création de son entreprise, et
- *Germe (Gérez mieux votre entreprise)*, sa gestion.

La méthodologie compte sept manuels Germe avec pour thèmes :

---

[88] SIYB : « Start and Improve Your Business ».
[89] GERME : Gérez mieux votre entreprise, version française de SIYB.
[90] KAB : Know about business.
[91] CLE : Comprendre l'entreprise. Version française de KAB.

1. Marketing
2. Achat et contrôle de stock
3. Estimation des coûts
4. Tenue des registres
5. Planification financière
6. Personnel et productivité
+ une étude de cas : Entreprise et famille

Et un manuel Cree avec 13 parties et un squelette de Plan d'affaire. Plus un *guide du formateur*, un *jeu d'entreprise* et une logistique pour l'organisation des sessions et séances de formation des participants de même que des formateurs et Maîtres formateurs. Il y a au siège du BIT à Genève une cellule de coordination des activités SIYB/GERME pour les pays où la méthodologie est développée, ce, dans une quarantaine de langues.

La méthodologie CLE/KAB

Parallèlement à GERME, le BIT développa une méthodologie de sensibilisation à *l'esprit d'entreprise (développement de la culture d'entreprise)*. L'entreprise ne constitue pas un centre d'intérêt majeur pour les jeunes africains. En effet, les relations parents/enfants sur ce thème sont faibles, notamment dans les milieux polygamiques où les pères ont du mal à suivre l'éducation de leurs enfants, aussi l'enseignement de la gestion et de la création d'entreprise se heurta-t-il à cette carence socioculturelle. Il fallait que la *culture et l'esprit d'entreprise* soient inscrits dans les cursus scolaires ou universitaires. Pour ce faire, la méthodologie *KAB (Know About Business)*, développée en Afrique de l'Est, le fut ensuite en Afrique de l'Ouest francophone sous l'appellation *CLE (Comprendre L'Entreprise)*, avec huit manuels et le jeu d'entreprise autour des thèmes/questions :

1. Qu'est-ce que l'entreprise ?
2. A quoi sert l'esprit d'entreprise ?
3. A quoi reconnaît-on un entrepreneur ?
4. Comment devient-on entrepreneur ?
5. Comment trouver une idée commercialement viable ?
6. Comment lancer une entreprise ?
7. Comment faire fonctionner une entreprise ?
8. Quelles sont les étapes suivantes pour devenir entrepreneur

Les formateurs des établissements furent formés à la méthodologie CLE qu'ils dispensèrent dans le cadre de leurs programmes et quota.

Le développement de GERME et CLE

Après l'introduction de ces deux méthodologies au Sénégal, au Mali, et en Mauritanie par une consultante suédoise, c'est un Programme régional ambitieux, le *PRG* (Programme régional GERME), financé par la Suède[92], qui les développa de façon structurante dans huit pays francophones (Sénégal, Mauritanie, Mali, Guinée Conakry, Bénin, Togo, Côte d'Ivoire et Niger) et deux lusophones (Guinée Bissau et Cabo Verde).

Après avoir découvert Germe au Niger, où des formateurs furent formés lors de cette phase d'introduction, et où Nigetech déroula nombre de modules Germe, Trie et Cree, je devins le CTP du PRG et passai directement du Niger au Sénégal. J'y retrouvai mon ami *André B*[39], ce qui me rassura, car nous nous connaissions depuis des années, pour avoir mené de nombreuses activités au sein du Bureau de zone du BIT, et étions dans le travail *comme les deux doigts d'une main,*

---

[92] Pays qui initia la méthodologie avec ses propres entreprises, avant d'en confier au BIT la vulgarisation au niveau mondial

selon son expression. Nous retrouver côte à côte pour gérer un Projet d'une telle envergure, l'un comme CTP, l'autre comme *back stopper*[93], constitua un atout. Je pus m'appuyer sur une équipe de conseillers compétents et motivés, ce qui n'était pas de trop, vu la charge qui nous incombait avec dix pays et les pools de formateurs. Notre souci était de nous assurer de la bonne pratique de la méthodologie, du respect des règles de suivi, de l'impression et de la diffusion des manuels, et du contrôle tant de la mise en œuvre des formations que du travail des formateurs.

- C'est tout un programme, dit Guillaume, et j'imagine que gérer en même temps les différentes équipes locales fut difficile !

- C'est le prix de la qualité et de la pérennité de la méthodologie, sinon avec le temps, sa crédibilité se dilue dans les errances des systèmes de formation professionnelle !

- OK, dit Guillaume, nous n'allons pas entrer dans le détail de ce gros travail de terrain mais j'aimerais que vous évoquiez ce que vous avez développé de nouveau dans ces deux programmes Cle et GERME.

- Tu as raison, tenons-nous en aux plus-values que j'ai apportées.

1 : Sur la question du statut des formateurs CLE

Contrairement au statut des formateurs *GERME*, qui se positionnèrent sur le marché comme des consultants, il m'apparut essentiel de faire en sorte que les formateurs *CLE* fussent sélectionnés parmi les formateurs en place, fonctionnaires, en capacité de dispenser la méthodologie *CLE* dans le cadre de leurs quotas horaires officiels.

---

[93] *Back stopper* : spécialiste en charge du suivi d'un Projet.

C'est un aspect important qu'il eut fallu prendre en compte dès le départ pour les formateurs GERME pour éviter que ceux qui étaient en poste dans des établissements de formation, donc fonctionnaires, soient affublés d'une double casquette, ce qui créa des problèmes vis-à-vis de leurs homologues, notamment financiers.

2 : A propos du Plan d'affaire lors des formations CLE

Dans la formation *CLE*, les participants font un *plan d'affaires*, mais dans la mesure où elle se déroule pendant leur formation, il est important de ne pas mettre la charrue avant les bœufs et de leur faire comprendre que s'ils apprennent à faire un plan d'affaires, cela doit être entendu comme un exercice théorique sans se projeter dans une création d'entreprise prématurée.

Il y eut une exception qui confirma la règle dans un établissement de Dakar où les participants à *CLE* créèrent une petite boutique de vente aux élèves, imaginée lors de l'exercice consacré au *Plan d'affaires*, laquelle boutique marcha durablement !

3 : Concernant l'élaboration, l'impression et la traduction des manuels et documents

Développer une méthodologie à cette échelle nécessita que soient élaborés nombre de documents pédagogiques, mais aussi d'information, pour mieux la faire connaître.

La logistique passa par la mobilisation de *partenaires stratégiques* en charge de la diffusion des manuels et, à terme, de leur impression, ce qui nécessita dans l'ensemble des pays, des négociations ardues. Des accords furent passés entre certains pays pour l'impression commune des manuels et leur diffusion entre eux, ce qui facilita les choses.

Quant à la traduction des manuels pédagogiques, elle fit également l'objet de discussions liées au fait que tant elle parut utile, tant la question de la capacité des apprenants à lire les manuels dans les langues nationales s'avéra aléatoire, Nous en fîmes toutefois en wolof et en arabe de Mauritanie.

> L'expérience montra, lors de nos interventions dans les CFP (ex CRETEF) et CDRFP, que les formateurs en gestion ne disposaient d'aucune méthodologie spécifique pour dispenser leurs cours, et d'aucun manuel ! Ils se contentaient de piocher dans des livres divers et variés pour se constituer une base de travail. Ce, sans aucune directive donnée par leur hiérarchie. La mise à leur disposition des manuels CLE leur donna des ailes tant ils étaient demandeurs d'une méthodologie et d'outils pédagogiques.

4 : La mise en place des réseaux GERME

Le séminaire SIYB/GERME d'Hanoï m'avait ouvert les yeux sur le *concept de réseau*, qui fut largement commenté et argumenté par mes collègues d'Afrique de l'Est et du Sud, confrontés, depuis des années, à l'organisation et au partage des tâches relatives à la diffusion de SIYB dans leurs pays respectifs. Le principe du *réseau de partenaires* fut présenté comme la clef du système, sa forme supportant quelques variantes selon les contextes. Je retins la leçon et dès mon retour à Dakar et ma prise de poste au sein du PRG, j'engageai la réflexion sur la création des *réseaux GERME* pour l'Afrique de l'Ouest.

- Tu te souviens des petites phrases dont je t'ai parlé, que l'on garde en mémoire et qu'on utilise aux bons moments ?

- Oui bien sûr, répond Guillaume : « *Il peut démonter mais il ne peut pas remonter !* »

- Je vois que tu te souviens de la plus courte ! J'en avais une autre sur les réseaux qui me venait de *Jean Claude W.* : « *Le Réseau est un dispositif de forme éclatée permettant de mettre en œuvre simultanément, en plusieurs endroits, un ensemble d'actions avec une adaptation souple aux besoins[94].* »

Il ne m'en fallut pas plus pour lancer l'équipe du Projet sur la création des *réseaux pays* en prenant en compte les éléments clefs : le pilote, la charte, le règlement intérieur, les documents de base, les partenaires stratégiques, le secrétariat exécutif. La diversité des contextes politiques sociaux et culturels nous conduisit à opter pour des variantes sur la gestion des manuels et leur impression, effectuées au niveau local ou dans un pays voisin, mais aussi et surtout sur le *statut du réseau*.

Les *Maîtres formateurs* de Guinée et du Bénin, dont *Dissou Z[40]*, optèrent intelligemment pour une gestion souple sur la base d'une Charte et d'un règlement intérieur. Cette formule est la plus intéressante selon moi car détachée des contraintes administratives propres au statut associatif, trop formel. Ce dernier fut malheureusement choisi peu après par les réseaux GERME de Côte d'Ivoire et du Sénégal, sur les conseils d'une collègue férue de coopératives. L'avenir montra rapidement, tout au moins au Sénégal, que cela ne fut pas le bon choix, et la gestion du réseau, comme association, fit long feu, et fut repris heureusement par un Maître formateur compétent et disponible.

5 : Germe niveau 1
C'est en discutant avec des jeunes Nigériens intéressés par la création de micros-entreprises que je pris conscience du décalage entre leur

---

[94] Boulanger et Perchman : « Le réseau et l'infini » Nathan 1990.

niveau de compréhension et le contenu de la formation Cree[95]. De toute évidence, l'élaboration du *Plan d'affaires* qui leur était proposé était trop difficile. J'initiai alors, en accord avec les responsables de Dakar, une réflexion sur l'adaptation de ce module aux attentes des jeunes femmes et hommes, tenant compte de l'analphabétisme des un(e)s, et de la taille des activités économiques des autres.

On peut dire que c'est à Niamey que les bases du module *Germe niveau 1*[96], qui constituera un apport majeur dans la méthodologie, furent posées. Je n'eus pas franchement l'aval de Genève pour intervenir dans le package GERME, mais en l'absence d'opposition formelle, je suis allé de l'avant, avec un collègue du PRG, *Roberto P*[41] et deux ou trois Maîtres formateurs très intéressés par la démarche. Dans un premier temps, nous destinâmes cette formation à des femmes analphabètes mauritaniennes, puis nous en élargîmes la cible aux jeunes garçons et filles prêts à créer des micro-entreprises de type *AGR*[97].

Pour le manuel de l'apprenant, nous décidâmes de n'utiliser que des images dont nous confiâmes la réalisation à un dessinateur rompu à l'exécution de dessins à caractère pédagogique, chacun représentant un objectif de la formation.

Pour illustrer la recherche d'une idée d'entreprise, je lui demandai de montrer une femme proposant des tentes aux habitants des quartiers pauvres de Nouakchott proches des bidonvilles.

---

[95] Cree : *Créez votre entreprise*, un des trois modules GERME.
[96] Germe niveau 1 est spécifiquement destiné aux créateurs de très petites entreprises ou de petites activités économiques de type AGR (Activités génératrices de revenus) faiblement alphabétisées.
[97] Activités génératrices de revenus

L'idée était bonne, mais les formateurs mauritaniens nous expliquèrent qu'à leurs yeux, sur le dessin, ce ne pouvait être qu'une couverture que la femme tenait dans ses bras, une tente ne pouvant être portée à bout de bras. Trop lourde ! Dans *Germe niveau 1*, les modules classiques sont proposés dans un ordre différent. Il y a d'abord un peu de *Germe*, pour donner quelques notions de gestion, puis du *Trie*, pour aider les participants à consolider leurs idées d'entreprise, ou à en trouver d'autres, puis du *Cree,* pour leur apprendre à les créer. Le plan d'affaire type est très succinct, et limité à deux ou trois pages, mais cela suffit largement. Quelques années plus tard, *Germe niveau 1* constitua, selon certains collègues, la meilleure offre proposée aux jeunes pour la création d'activités dans le Projet ISFP. Dans le même temps, *Ibrahima D*[42] l'un de ses concepteurs, le diffusa largement au Rwanda, au Congo et au Burundi.

> **Le charme discret de la sémantique**
>
> J'ai lancé Germe au Togo avec mon ami *Roberto* qui avait l'habitude, en bon Italien, d'ajouter un "d" dans les liaisons entre deux "a" (Il disait « *Nous allions ad Hararé* » là où un Français aurait dit « *à Hararé* ». Et voilà que moi-même, face au public togolais, je dis haut et fort, en parlant de Côte d'Ivoire « *en arrivant ad Abidjan* » ! Au même instant je lève les yeux vers Roberto abasourdi et, incapable de me retenir, j'éclate de rire.
>
> - Et alors, demande Guillaume, qu'est-ce que les gens ont dit ?
>
> - Rien, bien sûr. Je leur ai expliqué le pourquoi de la chose et ils ont ri à leur tour.

Chapitre 9
L'insertion des jeunes

Nous abordons le thème de *l'insertion des jeunes*. Il représente l'épilogue de mon parcours professionnel, dans la mesure où il met en scène les thématiques précédentes, organisation du secteur, apprentissage, financement, politique de formation, ...

Pendant plusieurs décennies, l'accent fut mis essentiellement sur la formation et rares furent les appuis à l'insertion. Quelques expériences furent menées dans le but d'accompagner des jeunes vers l'auto-emploi, dont certaines firent date, tel le *Projet maîtrisards*, au Sénégal. L'idée n'est pas ici d'en juger la pertinence ou les résultats, mais plutôt d'en retenir les leçons et de prêter attention aux stratégies d'appui axées sur l'insertion des jeunes porteurs d'idées et/ou créateurs d'entreprises, voire candidats à l'emploi salarié.

---
1. Les formations dispensées sont spécifiquement pédagogiques et ne prennent pas en compte *la dimension économique* en fin de cursus pour préparer les futurs sortants à intégrer le marché de l'emploi
2. Les systèmes de formation professionnelle eurent (ont toujours) du mal à s'ouvrir aux nouvelles opportunités d'emplois et de travail.
3. Les formations initiales répétées créèrent des chômeurs appelés, à cette époque, *diplômés chômeurs* !
4. L'offre d'emploi étant très faible, les jeunes sont souvent dans l'obligation de créer leurs propres emplois
---

> 5. Les porteurs de projets d'entreprises bénéficiaires de financements ne furent pas préparés à les créer et à les gérer.
> 6. Les Fonds de financement accordèrent des prêts au seul vu des projets, sans contrôles des compétences ni analyses sérieuses des plans d'affaires. Voire à des fins politiques.
> 7. Le concept de *parcours d'insertion*, intégrant l'orientation, la formation et la préparation à l'emploi, n'existait pas.

De ce fait, il s'avéra indispensable de prendre en compte l'insertion et d'étudier les besoins et opportunités d'emplois et de créations de micros et petites entreprises. C'est avec le temps, à travers des Projets qui optèrent pour des approches intégrées, soutenues par des bailleurs de fonds ou des ministères qui prirent le temps d'analyser les raisons des échecs du passé, que les choses évoluèrent dans le bon sens. J'eus la chance pour ma part de travailler dans des Projets qui ouvrirent la voie dans ce domaine, d'abord au Niger, où furent mises en œuvre par le Projet Nigetech les *Formations Initiales Professionnalisantes (FIT)*, puis au Sénégal, avec le Programme GERME de création et gestion de micro-entreprises, et plus spécifiquement avec le Programme ISFP *d'Insertion des sortants du système de formation professionnelle*, voire au Mali, dans un petit Projet expérimental, *Barani Soro*, et pour finir en *Guinée Bissau* et au *Cabo Verde*, où j'ai contribué à l'élaboration de documents de Projets de création de micros-entreprises.

Les formation initiales professionnalisantes de Nigetech

Le *Projet Nigetech* imagina et mit en œuvre, on l'a vu, des formations spécifiquement axées sur l'insertion : les FIP (*Formations Initiales Professionnalisantes*), dont l'originalité et la force fut de mettre les participants *en situation de production et de marché*.

Focus sur l'insertion au PRG (Germe) et dans le Projet ISFP
Dans la mesure où le Programme GERME répondit implicitement à la problématique de création et de gestion des entreprises, on peut dire qu'il s'inscrivit parfaitement dans la dynamique d'insertion, aussi ne reviendrons-nous pas ici sur ses composantes exposées plus haut dans le Thème 8 du Chapitre 2.

À la clôture du PRG, je m'investis avec *André B* dans la formulation d'un nouveau Projet d'appui à l'insertion des jeunes que nous baptisâmes ISFP : *Insertion des sortants du Système de formation professionnelle*. La Coopération luxembourgeoise avait demandé au BIT d'apporter une contribution à son Programme PIC 2 qui englobait la santé et l'éducation, dont la phase 1, exécutée par *Lux Development*, était achevée depuis peu. L'idée pour la phase 2 était d'y adjoindre un volet insertion et d'en confier la gestion à des agences du SNU.

Le BIT, d'abord, puis l'ONUDI[98], dans un premier temps, et enfin le PNUD, un peu par défaut, l'agence spécialisée dans la gestion des fonds de formation ayant décliné l'offre. La zone de couverture allait de Thiès à Matam, via Louga, Saint-Louis, Richard Toll, Dagana et Podor. Chacune des agences élabora son propre document de Projet, sans concertation entre elles, malheureusement, ce qui à court terme, se traduisit par un manque de consensus et de synergies. Il eut été plus réaliste d'inviter les agences à élaborer conjointement leurs programmes, de façon à assurer le maximum de synergies entre elles. Seuls le BIT et l'ONUDI se concertèrent.

- J'en reviens à ma question récurrente, dit Guillaume. En quoi ce Projet vous a-t-il permis de faire progresser la réflexion sur la

---

[98] ONUDI : Organisation des Nations Unies pour le Développement Industriel.

problématique de l'insertion, et quels types d'actions avez-vous menées qui eurent un caractère novateur ?

- Lors de la phase de préparation du Projet ISFP, je travaillai avec une douzaine d'établissements de formation technique et professionnelle pour chacun desquels je planifiai un package chiffré de modules de formation Trie, Cree et Germe, à dérouler sur trois ans. Il y avait des formateurs GERME dans toutes les villes concernées, fonctionnaires en poste dans les établissements ou indépendants. Le Projet ISFP prenait en charge le coût des formations en attendant que les centres puissent le faire eux-mêmes, via les Fonds.

Il y eut toutefois quelques bémol dans l'exécution du programme. Le montage global imaginé par la Coopération luxembourgeoise plaça, aux côtés de l'ONG Lux Development, en charge des établissements et des relations avec le Ministère, le BIT, qui eut pour mission le volet spécifique insertion, l'ONUDI, la *dimension qualité* ou, en d'autres termes, le renforcement des compétences techniques des jeunes promoteurs au vu de leurs projets de création d'entreprises, et le PNUD, de mise en place d'un mécanisme de financement des créations d'entreprises à travers plusieurs institutions de microfinance, voire d'une banque régionale.

Dans l'absolu ce montage semblait cohérent mais il s'avéra que les philosophies entre partenaires de *l'attelage onusien*, comme on nous appelait, divergeaient.

Le Projet du PNUD était ancré dans une stratégie de *lutte contre la pauvreté*, alors que ceux du BIT et de l'ONUDI jouaient la carte d'un accompagnement des porteurs de projets d'entreprises sur le marché, dans une logique économique et réaliste.

De fait, les problèmes ne tardèrent pas à apparaître et des dysfonctionnements perturbèrent la bonne marche de *l'attelage onusien*. Nous nous sommes confrontés également à une situation de décalage entre les modules classiques GERME, que j'avais prévu de dérouler, et les besoins des sortants de FP qui n'avaient pas tout à fait le profil type des candidats classiques[99] à la formation GERME. Nous dûmes imaginer quelques aménagements des outils pour mieux les adapter aux besoins des sortant du SFP ce qui fut possible grâce à l'excellence de ma collaboration avec *Djibril C*[43], le CTP du Projet ONUDI, qui fut efficace et constructive. Il maîtrisait l'adéquation formation/production au regard, notamment, des types de produits et services, tant du point de vue des *process*[100] que des *chaînes de valeurs*[101], des compétences spécifiques à transférer aux porteurs de projets d'entreprises, et des appuis à leur apporter parallèlement à ceux que leur proposait le Projet BIT, en termes de création et gestion d'entreprises.

- Vous avez tout chamboulé, demande Guillaume ?

- Non, pas du tout ! Nous ne remîmes pas en cause les outils GERME, mais nous y ajoutâmes quelques composantes pour mieux combiner les compétences entrepreneuriales et techniques.

Notre duo réfléchit aux voies et moyens d'un renforcement des modules *Trie* et *Cree* pour aider les candidats à l'emploi à identifier de bonnes idées d'activités et à se présenter aux institutions de financement avec de bons *Plans d'affaires*.

---

[99] Le candidat classique aux formations GERME est plus souvent adulte.
[100] Process : Phases et méthodes de production.
[101] Chaînes de valeurs : Étapes et activités du processus de production.

Nous élaborâmes des petits fascicules pour compléter les manuels pédagogiques existants *Trie, Cree* et *Germe*, qui devinrent *Trie insertion, Germe insertion* et *Cree insertion*. Ils ne furent pas modifiés mais complétés, de même que le déroulement des sessions *Trie* et *Cree* dans lesquelles nous amenâmes des *personnes ressources filières*. Ces dernières apportèrent un plus technologique en matière de choix des process, matériaux de base, technologies. Elles eurent pour mission de planifier des mises à niveau pour les porteurs de projets, en lien avec les activités à exécuter dans les futures entreprises.

Au vu de cette combinaison de compétences, je proposai d'en ajouter une au capital des formateurs GERME, non pas du type de celles des *personnes ressources*, très techniques, mais plutôt en termes de *compréhension du principe du recours auxdites personnes ressources*, de *capacité à les mobiliser* et à les mettre en scène aux moments opportuns. On ne peut pas demander au formateur Germe de connaître les avantages et inconvénients de telle ou telle machine ou méthodologie, aussi lui est-il difficile d'apprécier la pertinence des choix techniques opérés par les jeunes porteurs de projet d'entreprise, au regard de l'utilité et du coût des produits ou du matériel à acquérir.

- C'est à cette occasion, je crois savoir, que vous avez opté pour une démarche relativement atypique et conduit une réflexion intéressante sur l'insertion, dit Guillaume.

- Oui, tout à fait. La collaboration entre *Djibril* et moi nous conduisit à réfléchir, au-delà des sujets que je viens d'évoquer, à un autre aspect de la problématique qui nous a semblé essentiel : le *processus de formation dans sa globalité*, les idées de départ des entrants, les types et modes de formation proposés, le basculement entre le présent pédagogique et l'avenir économique, les appuis ciblés sur l'insertion, en termes d'emploi et d'auto-emploi, et l'accompagnement des nouveaux entrepreneurs.

- En fait, tout me semble avoir beaucoup relevé de la collaboration avec votre collègue de l'ONUDI, fait remarquer Guillaume

- Oui, c'est certain, et la qualité de la relation entre CTP de Projets partenaires montre à quel point celle-ci peut générer des synergies positives.

Ce constat invite à prendre en compte, lors du recrutement des CTP, leur aptitude à travailler en groupe, à écouter leurs collègues, à travailler avec eux et à se remettre eux-mêmes en question. Le manque d'ouverture aux autres, peut, en contrepartie, être dommageable pour les Projets, notamment quand ils interviennent conjointement.

- Imagine-toi, Guillaume, que mon premier contact avec *Djibril* fut peu encourageant car il me donna l'impression de vouloir faire les choses à notre place, y compris ce qui relevait du BIT. Je sortis de cette réunion assez inquiet sur le devenir de notre collaboration.

- Et alors, répond Guillaume, qu'est-ce qui a fait qu'elle a été si efficace et productive, à vous entendre ?

- Je ne sais pas ! Toujours est-il qu'elle l'a été. *L'intelligence de la situation* ai-je envie de dire, de la part de deux personnes qui ne se cantonnèrent dans les hautes sphères de la hiérarchie des Projets, mais plus dans le concret. Je mis peut-être de l'eau dans mon vin et cherchai à capter chez lui ce qui pouvait nous être utile, ou bien il comprit de son côté que mieux valait nous laisser faire ce que nous savions faire et apporter ce qui pouvait constituer une réelle plus-value.

Le parcours d'insertion

Djibril et moi discutâmes longuement dans ses bureaux de Saint-Louis où je venais deux ou trois jours par mois, de la situation des jeunes sortants des établissements de FP, de leurs forces et faiblesses, de leurs inquiétudes au regard des perspectives d'emploi. Nous échangeâmes des idées, et, comme j'aimais le dire, nous *gambergeâmes*. Plusieurs documents pédagogiques de formation, d'information, d'orientation, pour les jeunes, les établissements et le Ministère furent élaborés par notre duo de choc, jusqu'à l'élaboration d'une stratégie d'appui à l'insertion fondée sur le concept de *parcours d'insertion*. Avec, au départ, l'entrée des jeunes en formation et, au bout, un emploi salarié stable, ou une activité économique viable.

Le principe découle de l'analyse des succès et échecs du passé, de ce qui a manqué dans certains appuis, et de ce qui a donné les meilleurs résultats. Le constat fut *qu'à chaque étape il faut un appui spécifique*. Nous matérialisâmes le *parcours d'insertion* sous la forme d'un schéma simple et compréhensible pour les formateurs et apprenants, avec les types d'appuis et de formations à proposer à chacune des étapes, de l'entrée en formation à la gestion des entreprises créées. Nous le fîmes imprimer sur de grandes bâches et chaque structure couverte par nos Projets en reçut un exemplaire.

Les cellules d'insertion

Un autre volet nous a permis d'innover et de bousculer le *mammouth*, selon la formule connue, avec la création, dans les établissements de formation des *Cellules d'insertion*, dont la mission était de gérer les questions relatives à l'insertion, d'orientation des jeunes à leur entrée, de recherche de stages en cours d'année et d'emplois à la sortie.

Leur mission couvrait également la mise à niveau avant la finalisation des *plans d'affaires*, le développement de partenariats avec les entreprises locales, l'identification des créneaux porteurs et la formulation de propositions à la direction des centres, etc.

La mise en place des cellules d'insertion mobilisa tant les onusiens (BIT, ONUDI et PNUD), que nos collègues de *Lux Development* et du ministère. A cette occasion, nous avons travaillé en étroite collaboration avec *Dame D[44]*, du ministère de la Formation, qui s'impliqua pleinement dans le processus. Nous avons animé ensemble de nombreux séminaires, interrogé les responsables des centres, défini le cahier de charges des cellules et mis les *cellules* en place.

Quand ce collaborateur précieux fut écarté de son poste pour des raisons politiques, nous demandâmes au ministre l'autorisation de poursuivre notre collaboration avec lui car il constituait un des maillons forts de l'équipe. Ce dernier ne put nous la refuser, malgré la mise au placard de son agent. Mais ce qui compta le plus, dans tout cela, c'est que nous réussîmes à infléchir la politique du ministère, assez réticent au départ sur la question de l'insertion.

Des postes de responsables de *cellules d'insertion* furent créés dans les établissements, en lieu et place des affectations aléatoires.

Le financement des entreprises créées par les jeunes

- Comment les jeunes finançaient-ils leurs micro-entreprises, demande Guillaume ?

- Nous en avons un peu parlé, et tu n'ignores pas que ta question pertinente n'en est pas moins assassine dans la mesure où, comme tu le sais, elle remue le couteau dans la plaie !

Le BIT insista pour que l'analyse des *plans d'affaires* portés par les jeunes et les négociations sur le financement de leurs entreprises se tiennent derrière la porte des structures financières retenues. Il eut suffi que notre partenaire onusien discute avec les IMF et mette en place avec ces dernières des systèmes de financement des *Plans d'affaires*, sur la base de protocoles précis dont les mécanismes, pour ce type de crédits, étaient connus et maîtrisés. Six mois suffisaient, selon moi, pour négocier ces partenariats et rendre le système opérationnel. Il était hors de question, à nos yeux, que quiconque s'interpose entre le porteur de projet et le banquier. Notre idée était clairement de laisser chaque porteur de projet :

(1) Se rendre à l'IMF accréditée pour le recevoir, et préparée à cela par notre partenaire onusien, accompagné, au plus, de son formateur Cree ou du responsable de sa Cellule d'insertion,
(2) Soumettre son Plan d'affaire à l'agent en charge du crédit, écouter son point de vue et ses éventuelles demandes de corrections à y apporter,
(3) Effectuer lesdites corrections, avec son formateur Cree et les personnes ressources mandatées par l'ONUDI,
(4) revenir avec un projet bancable.

Sur ces bases, l'accueil des premières demandes de financement par les jeunes porteurs de Projets eurent été sain et possible.

Aux uns (nos collègues de l'agence en charge du volet financier) de faire en sorte que les mécanismes de financement fonctionnent, d'en contrôler la gestion de façon régulière, aux autres (nous BIT et ONUDI), de faire en sorte que les projets de création d'entreprises soient viables, et les *Plans d'affaires* recevables, et le cas échéant d'en aider le porteur à l'améliorer.

En lieu et place de cela, c'est un mécanisme qui, selon moi, ne pouvait que paralyser le processus qui fut élaboré et mis en place ! Les critères avancés lors de l'étude d'élaboration du *Cahier des charges* menée par un consultant de l'ancienne école, s'avérèrent dépassés et archaïques, et plus encore, celles et ceux qui imaginèrent ce système de financement s'appuyèrent sur les acquis d'une phase préliminaire peu concluante, fondée, on le sait, sur une philosophie de *lutte contre la pauvreté*, à l'opposé de la nôtre, fondée, elle, sur la mise des jeunes en situation concrète de marché et leur responsabilisation.

- Je me souviens de la présentation du *Cahier des charges* par le consultant. J'étais assis à côté de Djibril sur qui je comptais pour calmer les ardeurs revendicatrices que je sentais monter en moi ! Quand vint mon tour d'intervenir, j'exposai un point de vue assez critique, mais *serein*, malgré ma désapprobation quasi globale du document. Quand *Djibril* prit la parole, en revanche, il salua en la personne du consultant son ancien professeur[102], avant de démolir son document, arguments à l'appui, à ma grande surprise, je l'avoue et ce dont je fus ravi !

Notre résistance ne changea malheureusement rien, le document fut adopté, et les ennuis liés aux incohérences du *Cahier des charges* commencèrent peu après ! Le point d'orgue fut la tentative de création d'un *comité de sélection des Plans d'affaire* avant leur présentation aux IMF, en total désaccord avec nos attentes et recommandations. Il fut rebaptisé *comité d'orientation* après que j'eus presque cassé une table pour défendre l'idée qu'il ne fallait pas intercéder dans le parcours de présentation du plan d'affaires par son auteur à une IMF.

---

[102] Lequel a reconnu, quelques années plus tard, s'être inscrit, à l'époque, dans une approche dépassée.

Leur stratégie évacuait tant la considération à apporter aux jeunes que leur mise en situation de marché et leur responsabilisation. Ce comité fut créé et engendra la situation défavorable annoncée qui ne manqua pas de suivre, tant la gestion de cette composante financière fonctionna à contre-courant des attentes, ce qui, rapidement, contraria les jeunes créateurs d'entreprises. Les porteurs furent dépossédés de leurs *Plans d'affaires* par nos collègues en lieu et place des banquiers, ce traitement prit des mois, et nombreux furent les jeunes qui se découragèrent, sans compter les procédures et contraintes abracadabrantes qui leur furent imposées.

- Lors d'une réunion de sélection de *Plans d'affaires* (principe auquel j'étais opposé, faut-il le rappeler), nos collègues refusèrent de financer un sortant du Lycée technique de Saint-Louis, sous prétexte qu'il voulait localiser son entreprise à Ziguinchor, en dehors de la zone géographique d'intervention du Projet !

- Quelle histoire, s'exclama Guillaume ! Il était aussi évident que pertinent pour ce jeune créateur d'entreprise de l'installer en Casamance vu qu'il en était originaire et y avait fait son étude de marché.

- Il fallait vraiment ne rien comprendre à l'entreprise pour l'obliger à s'installer à mille kilomètres de son milieu social et professionnel. Djibril et moi étions dans un état de rage absolue et entrâmes en résistance ferme contre cette décision absurde.

- Ce refus est scandaleux, me suis-je exclamé et il risque de provoquer une crise politique dans le contexte de rébellion en Casamance. »

Puis un peu pour le fun, je proposai qu'il installe son entreprise en Casamance et son siège à Saint-Louis, comme le font les multi nationales dans les paradis fiscaux.

- Et on vous a pris au sérieux, demande Guillaume ?

- Imagine-toi que oui, alors que ce fut une boutade de ma part. Je fis le forcing avec mon ami pour que ce *Plan d'affaire* soit accepté mais un petit fonctionnaire grincheux qui ne connaissait rien au dossier s'y opposa alors que nous avions quasiment arraché l'approbation de l'assemblée.

La séance fut interrompue pour la prière, et quand elle reprit l'après-midi, *Djibril* avait disparu, me laissant seul à défendre notre affaire !

- Le jeune fonctionnaire grincheux, arrivé en retard, prit position en faveur du jeune entrepreneur, à ma grande surprise ! Un peu subjugué par ce retournement de situation, je me retournai vers Djibril qui venait enfin de me rejoindre et qui, le sourire aux lèvres, m'expliqua que son retard venait du temps passé à briefer notre homme !

Bien que préparés à la création de leur entreprise par leurs formateurs *Germe/BIT*, et mis à niveau par le Projet ONUDI, les jeunes étaient stoppés dans leur élan par ce mécanisme de financement absurde.

- Imagine-toi, Guillaume, que les jeunes m'arrêtaient dans la rue, à Podor, et se plaignaient du fait que leurs *Plans d'affaires* avaient disparu dans la nature et qu'on ne leur disait pas ce qu'ils devaient modifier pour espérer recevoir un financement. Ils étaient tellement déçus que certains se découragèrent et abandonnèrent leurs projets.

- C'est vraiment dommage de se heurter à une telle attitude de la part des personnes supposées vous assister quand on pense à tout le travail effectué en amont pour aider les jeunes à monter de bons projets d'entreprises, dit Guillaume !

- C'est clair. Je peux même te raconter une autre anecdote du même ordre que l'aventure du casamançais. Un jeune homme formé en menuiserie présenta un projet de création de poulailler qui fut bien évidemment rejeté par nos collègues !

- Mais où était le problème, s'exclame Guillaume !

- Ben, dans le changement de filière, à leurs yeux ! Mais était-ce un problème ? Ne fallait-il pas chercher l'erreur dans la qualité de sa formation et dans sa non-préparation à créer un atelier bois ? N'étions-nous pas là pour l'accompagner vers l'emploi ? Ou l'auto-emploi, dans le cas présent. Il avait des raisons de choisir le poulailler plutôt que le bois, peut-être au regard des activités de ses parents, et n'aurait-il pas, à court ou moyen terme, glissé vers la menuiserie, une fois son poulailler mis en route ?

- En fait vous avez détruit un emploi, ce jour-là, dit Guillaume.

- Tu peux le formuler ainsi, en effet. Un emploi détruit à la naissance.

La mauvaise gestion de ce système de financement des projets de création d'entreprise des jeunes, qui rendit quasiment obsolète le nôtre et celui de l'Onudi, je dois le dire, m'acheva. En milieu d'année, j'envoyai une lettre à mon directeur pour lui demander de ne pas prévoir de renouvellement à mon contrat en fin d'année, ce qui a fit un peu tache, j'en conviens, mais je n'avais pas le choix.

Chapitre 10
Deux Projets atypiques

Il a beaucoup été question des Projets de développement dans les chapitres précédents, aussi est-il utile, peut-être, d'apporter quelques éclairages sur leur fonctionnement. Dans les années 80, 90, ils furent gérés majoritairement par des expatriés[103] assistés par des collaborateurs locaux, jeunes experts, animateurs et personnel administratif, lesquels expatriés furent remplacés progressivement par des conseillers techniques nationaux. Ils disposaient de budgets importants qui pouvaient compter plusieurs millions d'euros, pour des durées de deux à cinq ans, avec des phases successives, dans le meilleur des cas.

Les d'appui, de formation, d'encadrement et autres, selon le cas, étaient programmées lors de l'élaboration du *Document de Projet*, le Prodoc, par des consultants rompus à cette pratique. Les stratégies adoptées étaient assez semblables, basées sur les pratiques, les méthodologies et les modes de fonctionnement propres aux pays donateurs. Point n'est besoin ici de préciser qu'elles pouvaient varier fortement d'un donateur à l'autre, dans un contexte où les bénéficiaires acceptaient tout, à de rares exceptions près, sans rechercher une cohérence, ni plus encore, une harmonisation des approches, et une prise en compte formelle des *Politiques nationales, ou sectorielles*.

---

[103] Européens ou africains.

Il faut savoir que ces dernières étaient assez rares et ne furent élaborées que tardivement. Le problème de la programmation réside dans le temps qui passe entre l'étude, l'élaboration du Prodoc, la mobilisation des fonds et le recrutement des conseillers techniques et cadres du Projet, ce qui amène les personnes en charge de son exécution à le faire dans des contextes qui ont évolué, avec des besoins nouveaux, des réponses déjà apportées par des partenaires, etc. Un casse-tête pour les Chefs de Projet disciplinés qui ont du mal à interpréter leurs Prodocs, voire à lui tordre quelque peu le cou.

- Vous avez-vous-mêmes souffert de cette situation, je suppose, demande Guillaume ?

- J'aurais pu, si je n'avais été un Chef de Projet atypique, comme tu le sais, qui fait partie de l'école des anciens CTP qui n'hésitèrent pas à initier des activités utiles et attendues par les bénéficiaires du Projet, fussent-elles absentes de leurs Prodocs. Ce que je fis, certes, mais toujours avec l'accord de mes supérieurs qui, je l'avoue, me suivirent.

- Je me souviens de la Caisse d'épargne et de crédit du Mali que vous avez créée alors qu'elle n'était pas programmée du tout !

- Effectivement. Même les fonds n'étaient pas budgétisés ! C'eut été impossible dix ans plus tard.

Au Mali, toujours, je contribuai avec mon collègue du bureau de Dakar, *Cheikh B*, à l'élaboration d'un petit programme d'insertion financé par l'Allemagne pour une durée assez courte : *Barani Soro*. Nous programmâmes quelques *incubateurs* pouvant accueillir une douzaine d'apprenants chacun, lesquels, au terme du processus, pourraient soit racheter l'incubateur et s'y installer, soit créer leurs propres entreprises sur le même principe.

Je visitai lors d'une mission à Bamako un des incubateurs où se déroulait une activité d'embouche bovine gérée par cinq ou six jeunes (en alternance, je crois me souvenir) très intéressés par ce travail et tous décidés à le poursuivre au-delà de leur formation.

Les appuis étaient programmés sur la durée du Projet mais le jeune CTP en charge de son exécution prit le *Document de Projet* à la lettre et rendit compte consciencieusement, au bout de six mois, de l'ensemble des activités, y compris de celles qui n'avaient pas encore lieu d'être engagées ! J'ai parlé plus haut de la tyrannie du diplôme, mais ici il s'agit de celle du Document de Projet ! C'est la tendance aujourd'hui d'enfermer les Chefs de Projets dans un carcan avec un découpage de leur programme en rondelles quantifiées et chiffrées avec une latitude de mise en œuvre quasi nulle.

L'expérience de Bamako

Il y a des moments propices pour changer le cours des choses, notamment quand des concours de circonstances le permettent.

Ce fut le cas au Mali, en 1992, quand le Projet BIT/SNS arriva à son terme. La Coopération suisse était en phase d'arrêt de sa collaboration avec le BIT à qui elle reprochait, entre autres, me semblât il, le coût trop élevé des charges administratives liées au suivi des Projets par le siège de Genève. Cette dernière connaissait pourtant la nature et l'importance des contreparties apportées aux Projets par celui-ci, de même que la dimension multilatérale du BIT qui lui conférait un rôle officiel vis-à-vis des pouvoirs publics. Elle n'ignorait rien non plus des expériences menées à l'échelle internationale qui généraient un background riche et utile pour les CTP.

Chacun d'eux disposant en effet d'une capacité de mobilisation des experts du Siège dans des domaines aussi variés que la protection sociale, la microfinance, les normes, les coopératives, les syndicats, les Politiques nationales et sectorielles dans différents domaines, sans compter la mise à leur disposition d'une multitude de documents.

Un autre élément entra en jeu à ce moment-là, lié à la prise de conscience par les chargés de programme du BIT, la Coopération suisse et les acteurs du terrain, de la nécessité de passer un cap et de changer de philosophie en matière d'appui aux artisans. Et ce, particulièrement au Mali, où le Projet était présent depuis douze ans.

La Coopération suisse donna mandat à un consultant rompu au fonctionnement des Projets, *François R*[104], de réfléchir avec moi aux voies et moyens d'une sortie constructive et structurante de la relation classique entre Projet et bénéficiaires. Une sortie, tu l'auras compris, qui renforce tant ces derniers que la fédération nationale. Nous menâmes, François et moi, une réflexion sur le principe, non pas d'une passation de pouvoir entre deux Projets, comme d'habitude, mais d'une transition entre deux stratégies différentes d'appui au secteur artisanal d'un pays. L'opportunité nous fut ainsi donnée d'imaginer une suite structurante et novatrice au Projet. Un des éléments de notre stratégie fut que la *Fédération nationale des artisans du Mali* prenne en main son devenir et la mise en œuvre des appuis à ses membres. En créant quelques mois avant la clôture du Projet le *comité des quatre* pour accompagner le processus de sortie, je leur avais mis concrètement le pied à l'étrier et ils étaient engagés dans le processus.

---

[104] En charge à celle époque du suivi des Projets de la Coopération suisse

- En gros, dit Guillaume, il n'était plus question de proclamer haut et fort : *Le roi est mort, vive le roi !*

- Non, justement, notre mission était régicide. Nous n'allions pas couper de têtes, certes, mais entrer en démocratie, si je peux dire. Quelques têtes tombèrent tout de même, peu après, lors des élections du nouveau bureau.

- Le défi était élevé, si je comprends bien, car à cette époque les Projets étaient la panacée, dit Guillaume.

- Oui, mais l'idée des *structures de service* commençait à germer dans l'esprit des décideurs, des chefs de Projets, de leurs hiérarchies et des consultants, soucieux de sortir du mécanisme d'assistance sans fin.

François R eut connaissance des structures de gestion existant dans certains pays et, pour ma part, j'avais bénéficié des services d'un *bureau de conseil* dans les Alpes-de-Haute-Provence à l'époque où j'étais menuisier. Cette expérience m'ouvrit les yeux sur le principe des appuis de proximité mis en place au profit des petits producteurs.

Sur la base de ces différentes expériences, nous *gambergeâmes* sérieusement. François enchaîna les notes dans ses petits carnets, et moi je pensai au Projet du Burkina Faso dont le BIT me promettait le poste de CTP dès sa validation par les autorités compétentes. C'est dans un bar de Bamako, le *Bozo,* que nos idées prirent forme et donnèrent lieu à une série de décisions qui firent date :

1. *Création d'une cellule d'appui* aux côtés de la FNAM pour relayer le Projet après son départ, avec une équipe locale renforcée par un technicien chevronné et un appui de la Coopération suisse,
2. *Maintien d'une cellule de suivi du réseau Kondo Jigima* avec le technicien rompu aux pratiques financières des systèmes associatifs, et une

perspective de reprise du financement de l'appui par l'*AFD*[105] qui venait de créer un petit réseau de caisses d'épargne dans les quartiers de Bamako.

Par ailleurs, la décision d'inscrire le futur Projet de Ouagadougou dans le même principe de *services aux entreprises* fut retenue et je proposai, dans la foulée, le concept de *boutique* pour l'intitulé du Projet.

Une *boutique d'appui* aux artisans où l'on vient acheter des services pour renforcer ses compétences et son entreprise.

La Boutique d'appui de Ouagadougou : un Projet novateur

Lors d'une réunion préparatoire au siège du BIT à Genève, en vue de ma prise de poste au Burkina Faso, les chargés de programme du nouveau Projet invitèrent *François R* à venir discuter des idées développées quelques mois plus tôt à Bamako. Il fut question de poser les jalons d'une collaboration constructive avec le Projet de la Coopération suisse de Ouagadougou, le *PAB*[106], dont François assurait le suivi, et de poser les premières pierres d'une stratégie qui germait dans la tête de responsables du BIT : le *concept de réseau entre Projets*. À Genève, *Cheikh B* et *Kees vd R*[45] et moi-même pensâmes qu'il serait intéressant de positionner le futur Projet au centre d'un *réseau* des Projets locaux, dont la mission consisterait à piloter un processus de concertation entre ces derniers, harmoniser les stratégies, et mettre en œuvre des actions concertées.

- Cette idée était pertinente et lucide, mais sans doute un peu ambitieuse et prématurée pour l'époque.

---

[105] AFD : Agence Française de Développement.
[106] PAB : « Projet Artisanat Burkina » financé par la Coopération suisse.

- C'était ambitieux en effet, dit Guillaume ! Mais le jeu en valait la chandelle et il répondait à une évolution intéressante des stratégies d'appui au secteur de l'artisanat et des micros et petites entreprises.

- Oui, c'est vrai. Fort de cette philosophie, je suis arrivé au Burkina Faso avec des idées claires sur le type de Projet à mettre en œuvre, à commencer par son nom. Je décidai comme convenu, de le baptiser *Boutique d'appui*, et contre toute attente, je refusai de l'installer dans les bureaux de la *Direction de l'emploi*, tutelle locale du Projet, comme le souhaita le directeur. Je justifiai mon choix par un souci de proximité et de facilité d'accès pour les artisans. Cela ne se fit pas sans quelques grincements de dents et pas mal d'incompréhensions mais l'idée s'avéra bonne et fit date !

- Cela semble pourtant logique et évident, dit Guillaume !

- Les Projets étaient très souvent logés dans des structures étatiques, des immeubles intimidants, voire hyper sécurisés. Cette situation allait à l'encontre du bon fonctionnement des Projets, de la nécessaire et indispensable convivialité à établir entre les cadres et les bénéficiaires, et de la proximité avec les acteurs.

Cette tendance que je dénonçai en son temps dans de nombreux rapports, à enfermer tout le monde entre quatre murs bien protégés, s'accrut malheureusement, dans les années qui suivirent, du fait des nouvelles règles fixées par le SNU pour la sécurité de ses membres, à la suite des diverses attaques de ses bureaux dans le monde.

Dans ce nouveau Projet au Burkina Faso, j'eus donc pour mission d'en marquer la spécificité de façon significative dès le départ, et je m'en tins à cette idée.

La chose fut rapidement faite avec les deux premières mesures évoquées ci-dessus, le nom et le positionnement hors les murs ! Les membres de l'équipe rapidement recrutés furent les premiers témoins de l'aspect novateur de ma démarche. Installés en quelques jours dans des bureaux sans électricité, il m'arriva de braquer les phares de la voiture sur les portes de la *Boutique* pour y voir clair à la tombée de la nuit ! Mes jeunes collaborateurs n'en revinrent pas. L'un d'eux, qui avait connu un précédent chef de Projet, me raconta que ce dernier mit presque six mois à lancer les premières activités.

Toujours dans l'idée de *boutique*, je fis aménager l'une des deux salles donnant sur la rue en centre d'information, avec sur chacun des murs, un thème spécifique : les types, modes et sources de formation disponibles à Ouagadougou, les mécanismes de financement, les statuts et règlements des associations, et sur le dernier un lot d'outils de réparation des deux roues fabriqués par le collège technique avec l'appui de la Coopération française.

Les artisans prirent l'habitude d'entrer, passer du temps devant les murs, prendre des notes et si le besoin s'en faisait sentir, discuter avec l'un des membres du staff dans la salle voisine, voire avec moi, dans le petit bureau derrière. Il se passa beaucoup de choses dans cette *Boutique d'appui* et le fait que les bureaux soient ouverts sur la rue surprit les gens qui passaient devant. L'équipe tissa des liens étroits avec les artisans et micro-entrepreneurs qui entraient et sortaient en toute quiétude, ce qui est rarement le cas dans ce type de Projet.

- Cela ne m'étonne pas de votre part, fait remarquer Guillaume, et vous connaissant, je comprends que vous ayez préféré installer le Projet dans un local privé et l'organiser en *Boutique*.

Qu'en a-t-il été de l'idée de travailler sur le concept de réseau de partenaires dans lequel le Projet BIT aurait pu jouer le rôle de pilote ?

- J'établi rapidement des liens de confiance et d'amitié avec *Patrick D.* le responsable du *PAB*[107]. Nous travaillâmes en parfaite synergie sur nombre d'actions dont la pertinence et l'efficacité furent boostées par notre volonté commune d'établir une collaboration forte entre nos Projets. Après que la *Boutique d'appui* eut organisé une première formation d'apprentis en mécanique auto[108], je contribuai étroitement, avec Patrick, à la création d'un *Comité de réflexion sur la modernisation de l'apprentissage*, élargi peu après aux Coopérations allemande et française. Dans le même esprit, je mis en place avec mon collègue allemand du *BA*[109], un processus de réflexion sur les statuts des OP[110], auxquelles celui d'association ne convenait pas.

Au regard de ces actions concrètes menées conjointement, je peux dire que l'idée de *réseau* ne marcha pas comme nous l'avions imaginée, et ce pour plusieurs raisons. Sans doute eut-il fallu l'exposer clairement à nos collègues car le principe du *pilotage d'un réseau*, supposé revenir à la Boutique, allait de pair avec un nécessaire consensus sur le principe. L'idée ne tombait pas du ciel et avait été discutée en haut lieu, mais elle aurait gagné à être rediscutée sur le terrain.

- Je vois une autre raison : il eut fallu que notre Projet n'engage pas directement d'activités de terrain et se consacre pleinement à ce rôle de *pilote du réseau des Projets partenaires*, coopté par ces derniers.

---

[107] Coopération suisse
[108] Chapitre 2, Thème 4, sur l'apprentissage, page 94
[109] Bureau d'appui aux artisans : Coopération allemande
[110] Chapitre 2, Thème 1, page 33 et au-delà

- Une affaire de tempérament, fit remarquer Guillaume.

- Oui, je le pense aussi. Je ne saurais dire aujourd'hui pour quelles raisons j'ai monté des actions d'appui aux petits producteurs, ce qui nous a ramenés au statut de Projet classique. Il est vrai que certaines d'entre elles étaient prêtes à démarrer, notamment sur l'apprentissage, vu que j'avais les manuels sous le coude en arrivant au Burkina.

En tout état de cause, on peut dire que la *Boutique d'appui* mena de nombreuses actions que l'on peut qualifier de pilotes, en elles-mêmes, qui jouèrent un rôle clé et mobilisateur au sein du pool des partenaires.

Au point, d'ailleurs, que *François R* m'a sermonné quand je lui ai dit que le Projet s'arrêtait, faute de financement relais. Il ne comprenait pas comment nous pouvions abandonner nos partenaires et les bénéficiaires du Projet après tout ce que nous avions initié, et ne pas en assurer le suivi !

Chapitre 11
Conseillers techniques et/ou consultants

Conseiller technique

La vie de conseiller technique n'est pas facile tous les jours. Outre les conditions de mise en œuvre des activités du Projet dont il a la charge, il y a de nombreuses incidences externes qui lui compliquent la tâche. Notamment des évolutions sociales ou politiques qui rendent plus ou moins obsolètes, malvenues, voire inutiles, certaines actions programmées dans son document de Projet. Lors d'un séminaire organisé conjointement par la Coopération allemande et le BIT pour aplanir leurs différences d'approches et de philosophies, le spécialiste du secteur informel au BIT, *Carlos M*[111], a soutenu *le droit à la dépression nerveuse pour les conseillers techniques !*

- Cela confirme mon idée relative au fait que le CTP doit pouvoir changer certains points du Document de Projet quand l'actualité ou l'évolution du contexte l'impose. Tout le contraire de l'attitude rigide, à ce propos, de mes collègues du Bureau des artisans, si tu te souviens, Guillaume, de l'épisode que je t'ai raconté à propos du jeune à qui j'ai confié les formations d'apprentis à Ouagadougou. J'étais du bon côté, tu l'auras compris, avec une liberté de mouvement et de choix des activités à mener dans notre Projet.

---

[111] Auteur de : « La santé mentale dans le rapport Nord Sud » (Persée).

- C'est peut-être dans ce genre de situation, dit Guillaume, que le *coopérant* que vous avez défini comme un bon et fidèle serviteur de l'État, qui exécute les consignes reçues de sa hiérarchie, se différencie du *conseiller technique* qui a la latitude de pouvoir changer les choses.

- Tu as tout compris, Guillaume ! L'important n'est pas d'arriver avec des idées toutes faites, élaborées dans nos pays d'origine, et de les appliquer à tout prix !

À la question récurrente qu'on m'a cent fois posée, « *Comment ça se passe en France ?* », j'ai souvent répondu que je n'en savais rien, que cela avait peu d'importance et qu'à mes yeux le plus pertinent est d'observer ce qui se passe sur place ou dans les pays voisins.

- Qu'en est-il des Chefs de Projets, demande Guillaume ? Avez-vous observé des changements de comportements pendant ces années passées dans le système ?

- Oui, je dois le dire, et j'ai envie d'ajouter, malheureusement. Je dirais aussi que cela va de pair avec les changements opérés dans l'esprit des Projets et dans la rédaction des Prodocs.

- C'est dans l'air du temps, malheureusement, dit Guillaume.

- Oui, tu as raison de le mentionner. C'est dommage. La formulation des Documents de Projets est devenue un exercice quasi névrotique où chaque activité doit être décrite au détail près, en amont, dans l'idée qu'elle sera exécutée au même détail près, en aval.

- Et les conseillers techniques, dans tout cela, comment réagissent-ils, demande Guillaume ?

- Mal, le plus souvent, surtout les jeunes.

Le constat, d'après ce que j'ai retenu, c'est que le *conseiller technique nouveau*, pourrais-je dire, a de plus en plus tendance à exécuter les Projets dans ce même esprit de découpage des activités et donne l'impression d'avoir été formatés pour se comporter de la sorte ! Cette approche est d'autant plus aléatoire que le temps passé entre la formulation et le démarrage des Projets fait que beaucoup de choses ont changé ou ont été entreprises par d'autres acteurs, et sont donc devenues caduques, voire inutiles. Nous en avons déjà parlé. Sans compter que lors de la mise en œuvre des actions programmées par le Projet, les discussions avec les bénéficiaires offrent de nombreuses opportunités de modifier les types et nombres d'actions à engager. Que le veuillent ou non les ayatollahs du Prodoc !

- Tu te souviens, Guillaume, de la présentation d'un rapport d'activité à Bamako, où nous avons failli tomber de notre fauteuil quand nous avons compris que le jeune CTP faisait un commentaire sur chacune des actions programmées pour les deux ans à venir !

- En plus, dit Guillaume, j'imagine qu'il est difficile de savoir exactement si les Projets sont voulus par les gouvernements ou s'ils leur sont plus ou moins imposés par les bailleurs, s'ils correspondent à des besoins réels, et s'ils entrent dans le cadre d'une politique sectorielle précise, voire s'ils sont en phase et en synergie avec d'autres Projets programmés dans les mêmes domaines.

- Tu as raison Guillaume d'évoquer ces aspects politiques qui renvoient à l'attitude des ministères concernés face au Développement. Un Projet doit répondre, avant tout, aux besoins de bénéficiaires et les décideurs publics devraient être plus exigeants dans le choix des appuis proposés par les bailleurs et les organismes de coopération.

Ils devraient s'assurer de leur cohérence au regard des politiques sectorielles en vigueur dans le pays, et des synergies générées avec les autres Projets intervenant dans les mêmes domaines.

Quand on fait des missions préparatoires, on rencontre des quantités de gens sur le terrain, dont certains se regardent parfois en chiens de faïence et ne poursuivent pas les mêmes objectifs. Il faut alors chercher des compromis pour être certains que les actions seront pertinentes et les résultats au rendez-vous.

Clôturons cette parenthèse sur la condition de conseiller technique par une petite histoire assez cocasse dont je fus la victime indirecte, n'ayant posé aucun acte à cette occasion.

> **Petits antagonismes entre amis**
>
> J'ai vécu une histoire assez fantasque avec un collègue du BIT qui eut l'étrange idée de proposer ma candidature à un ministère nigérien pour un poste de CTP sans me demander si j'étais d'accord. Il se trouve que je ne l'étais pas car le type de Projet dont il s'agissait ne m'intéressait pas, et je ne voulais pas quitter le Burkina Faso en pleine année scolaire des enfants. Ma candidature fut acceptée et le PNUD m'attendit à Niamey pour la prise de poste. Au détail près que je n'y suis pas allé ! Ce contretemps fut assez fâcheux pour mon collègue qui s'est probablement fait remonter les bretelles par qui de droit. Quelques mois plus tard il me gratifia en retour d'un coup tordu quand je posai ma candidature à un Projet pour lequel je ne fus pas recruté, suite semble-t-il à certaines remarques de mon *chasseur de tête improvisé*.
>
> J'eus toutefois le dernier mot dans ce duel fratricide quelques temps plus tard quand, en mal de candidat pour remplacer un CTP, mon collègue me demanda si je connaissais quelqu'un pour occuper le poste

> Je lui répondis par l'affirmative et lui refilai le plus tocard des consultants de ma connaissance, que je savais être en quête d'un poste. Six mois plus tard, nous nous croisâmes dans un couloir du siège où j'eus droit à cette petite réflexion de la part de mon ami : « Mais dis donc, le mec que tu m'as conseillé la dernière fois, je n'ai eu que des problèmes avec lui ! »
> La vengeance, on le sait…

Consultant

Les missions sont confiées à un consultant dans la majorité des cas par un Bureau d'études, une ONGs, une Agence de Coopération, voire une organisation internationale. Il est appelé directement ou, plus souvent, sur appel d'offre, notamment quand il passe par un bureau d'étude. Le consultant met en avant ses compétences dans le domaine, mais aussi et surtout son expérience du terrain et les missions qu'il a pu faire auparavant.

- Pour ma part, je jouais sur deux tableaux, du fait de mon expérience dans la gestion de Projets en même temps que de ma bonne connaissance du terrain, et, toute modestie mise à part, d'une familiarité assez rare avec le secteur artisanal. Et plus encore sur le nombre de missions à mon actif.

- Vous étiez connu dans le milieu, si je comprends, dit Guillaume.

- D'une certaine façon, oui, mais j'avais aussi des détracteurs, ainsi que des étiquettes dont je ne voulus pas m'affubler, comme celle de *spécialiste des prisons*, tu t'en souviens. Il est vrai qu'en matière d'élaboration de Documents de Projet, mon expérience du terrain compta beaucoup pour les mandataires.

Notamment pour ceux qui ont peur des *brillants théoriciens de la chose*, mais piètres connaisseurs des réalités du terrain.

J'ai rencontré un jour à Bamako une mission de la FAO[112] et fait découvrir à son responsable le marché des forgerons fondeurs de la Commune 2 dont nous avons parlé plus haut. Je lui ai fourni de nombreuses informations sur ce secteur à forte connotation rurale chère à la FAO, on peut l'imaginer. Six mois plus tard, en quête d'un spécialiste en micro-entreprise rurale pour une mission en Tunisie, il s'adressa au BIT pour savoir si un certain Eric Silvestre qu'il avait rencontré au Mali et qu'il savait être au faîte des réalités du terrain, était disponible. Hasard ou coïncidence, je l'étais ! Aussi me suis-je trouvé embarqué dans une mission en Tunisie[113]. La première d'une longue série.

Les missions, contrairement à ce que pensent certaines personnes, n'ont rien à voir avec des vacances ! Les journées sont harassantes et le soir on poursuit le travail à l'hôtel pour récapituler les notes prises lors des rendez-vous, rédiger des observations, lire les documents collectés dans la journée, etc.

Sans compter les désagréments liés aux déplacements et à ce que l'on mange ! Il arrive parfois que les choses se passent mal, et des cas de retour précipité à la maison, voire de suicides, sont malheureusement connus. En ce qui me concerne, j'ai effectué plus de soixante missions pendant mes deux décennies consacrées au Développement, et vécu toutes sortes de situations, tant dans mon travail que dans ma vie de consultant.

---

[112] Organisation des Nations Unies pour l'alimentation et l'agriculture.
[113] Page 189, Chapitre sur les missions

Les missions s'enchaînent et on finit par se forger une personnalité et un CV, mais aussi et surtout une compétence plurielle, qui finit par faire la différence. Peut-être pas pour tous les consultants, mais pour certains, dont moi, car c'est au fil et au hasard des postes occupés et des missions effectuées que je me suis forgé une sérieuse personnalité dans le secteur de la promotion de la micro et petite entreprise, la formation et l'insertion des jeunes. Je ne prétends pas avoir été plus intelligent que mes collègues, loin de là, disons que ce sont les hasards et opportunités de missions et de postes qui m'ont permis de toucher à autant de secteurs d'activité et d'acquérir des connaissances dans des domaines aussi variés. J'ai beaucoup joué aussi dans mes CV sur le fait d'être consultant en même temps que Chef de Projet, et de pouvoir le redevenir. Cela donnait à mon expérience du terrain une dimension plus concrète que théorique, contrairement à la majorité de mes homologues. Mes mandataires avaient la garantie que je ne leur proposerais rien d'impossible à exécuter, comme cela arrive parfois. Du fait notamment que je pourrais être appelé à diriger le Projet tout juste élaboré. Ce qui m'arriva au Niger.

L'angoisse du consultant dans certaines situations

Le métier de consultant n'est pas de tout repos, l'expérience le montre, tant la nôtre propre que celle des amis que l'on croise sur les routes ou dans les aéroports. Je pense à *Jean Claude W* qui se retrouva avec un canon de kalachnikov collé sur la tempe, tenu par un enfant totalement drogué, et à un autre consultant qui ne sortit pas de son hôtel et rentra directement chez lui deux jours après être arrivé à Dakar. Je pense à *Grégoire D*[46] dont l'avion de ligne percuta un avion privé à quelques encablures de Dakar, lequel s'écrasa au sol avec ses occupants, pilote, médecin et malade en phase de rapatriement.

Lors d'une mission sur la formation des détenus au Bénin, effectuée avec deux homologues béninois, je visitai une prison à Porto Novo, entièrement neuve, mais vide ! Elle n'était pas occupée, nous dit-on, car il y avait des modifications à apporter avant de la mettre en service. Nous nous demandâmes comment les autorités compétentes osèrent attendre tout ce temps pour y transférer les détenus entassés dans l'ancienne prison qui était dans un état inacceptable ! C'était une horreur, elle datait de l'époque coloniale, était sale, délabrée, malodorante, et remplie de bandits nigérians dont la violence explicite nous inquiéta au point de nous faire regretter de n'être accompagnés que d'un détenu[114] ! Ces Nigérians n'avaient rien à faire de nos propositions de formation, sachant qu'à peine sortis, ils remettraient la gomme dans le banditisme. Nous entrâmes ensuite dans le quartier des enfants avec un certain soulagement.

Il y en avait une quinzaine, surveillés par un prisonnier adulte. À notre arrivée ils se mirent en rang et nous saluèrent très gentiment. Je serrai la main de chacun puis nous consacrâmes une petite demi-heure à discuter, pendant que je les observai du coin de l'œil, avec une petite émotion dans la poitrine. Je finis par constater qu'ils avaient tous la gale, et pensai soudain à mes mains en espérant qu'ils ne me l'avaient pas transmise ! Quelque temps plus tard, le responsable d'un bureau d'étude m'appela pour me proposer une mission dans les prisons d'un pays voisin, me prétendant être un spécialiste de la chose ! Je lui répondis que non, n'ayant pas du tout envie de le devenir et déclinai l'offre. Dans certaines circonstances, le consultant peut ressentir une certaine gêne devant la tâche à accomplir.

---

[114] Nous avions refusé d'être accompagnés par le régisseur.

Certains diront qu'ils sont toujours très à l'aise, mais le doute reste une forme de modestie et d'autoévaluation de ses propres compétences qui peut s'avérer utile. Si on y est confronté, il faut alors se dire que l'on n'a pas été choisi par hasard, et que l'on a certainement des raisons d'être là. À soi de les identifier et de construire son intervention en se basant sur elles ! Il m'arriva une fois, à la veille d'un séminaire que je devais animer avec des directeurs techniques sous-régionaux, de faire une crise d'angoisse et de me demander en quoi j'étais supérieur à ces gens-là pour prétendre leur apprendre quelque chose qu'ils ne savaient pas déjà ? Je me sentis mal à l'aise ce soir-là, jusqu'au moment où je compris que ma spécificité était tout simplement d'avoir une connaissance globale des réalités de chacun des pays concernant mes futurs apprenants. De fait, ma chance (ou ma force) était de pouvoir leur en proposer une lecture et une analyse croisées. Cela me rassura et je me présentai sereinement le lendemain matin à l'ouverture du séminaire.

C'est sans doute ce qu'ils attendaient de moi car tout se passa très bien. Cela nous ramène une fois encore à la relation à établir entre le consultant et les consultés, qui n'est pas une relation de pouvoir, de grand à petits, mais d'écoute préalable, de connaissance des réalités, et de partage.

Au Rwanda, je suis allé visiter un centre de formation professionnelle avec le *Secrétaire général du ministère de l'Éducation nationale* à plus de cent kilomètres de la capitale. Sur la route, ce dernier m'annonça qu'il n'avait pas prévenu la direction du centre de notre arrivée ! Ce fut risqué, car nous pouvions très bien ne pas y trouver les personnes dont nous avions besoin pour discuter de la situation du centre.

Ce fut lucide et courageux en même temps de sa part, car nous étions sûrs de voir le centre dans son état normal de fonctionnement, sans coup de balai et autre mise en scène de dernière minute. Son attitude fut la preuve d'une exigence professionnelle que je ne rencontrai nulle part ailleurs !

Ma mission la plus lointaine eut lieu au Vietnam avec des collègues du BIT pour un atelier international sur le Programme SIYB. Certains vinrent de Russie et de Chine, où le gouvernement s'apprêtait à lancer avec le BIT un programme destiné à plusieurs millions de bénéficiaires ! L'un d'eux vint de Papouasie Nouvelle-Guinée, d'autres d'Afrique du Nord, de l'Est et du Sud. Les cadres vietnamiens de la Chambre de Commerce nous emmenèrent sur le terrain pour voir des entreprises créées par de jeunes bénéficiaires de formations.

- Je me souviens d'une visite que nous avons effectuée dans le quartier historique dont les rues sont toutes consacrées à des métiers artisanaux traditionnels.

On nous a amenés dans un salon de coiffure flambant neuf où une armée de jeunes filles et garçons exerçait les métiers de coiffure, massage, manucure.

- Je vous soupçonne d'y être retourné, dit Guillaume.

- Oui, effectivement ! J'y revins le soir pour me faire coiffer et j'eus droit à un shampoing avec massage de tête qui me transporta au paradis, puis je confiai ma tête à un jeune et beau coiffeur dont les doigts fins et agiles m'achevèrent !

Petits bonheurs de la vie de consultant

Lors de cette mission, je ne résistai pas à l'appel des massages thaïlandais et par deux fois j'y entraînai un collègue. Pour le second, nous commençâmes par un hammam où la chaleur fut quasiment insupportable, puis on nous fit entrer nus dans un jacuzzi avant que chacun de nous ne soit conduit dans une chambre où l'attendait une masseuse. La patronne du salon circulait dans le couloir et jetait de brefs regards à travers les vitres de la porte, pour s'assurer que tout s'y passait bien.

- Je vous soupçonne de nous cacher quelque chose, dit Guillaume. Pourquoi nous parler directement de la seconde fois ?

- La première fois, les portes des chambres n'étaient pas vitrées et les massages s'y déroulaient de façon un peu moins formelle, si tu vois ce que je veux dire. Surpris de me faire masser sans huile ni pommade, je demandai à la jeune fille si elle n'utilisait jamais d'huile et elle me répondit : « *Just for here* », en posant délicatement le doigt sur mon sexe ! En tout bien tout honneur. Mais je ne te cacherai pas qu'en fin de séance j'eus droit à ce que l'on appelle *le petit supplément*.

- Et votre collègue, demande Guillaume, est-ce que de son côté…

- Arrête, Guillaume, je n'en sais rien !

Chapitre 12
Les missions

Tunisie

Je fis ma première mission de consultant en Tunisie, pour la FAO, avec le PDRI (*Programme de développement rural intégré*). La mission dura cinq semaines et me permit de rencontrer de nombreux artisans, que l'on appelle en Tunisie, les *petits métiers*. Je pus aussi me déplacer dans la quasi-totalité du pays avec un homologue tunisien. A ma grande surprise, chaque fois que nous nous rendîmes dans un village au milieu des collines, ce fut par une belle petite route goudronnée bordée de poteaux électriques, avec peu d'enfants à la sortie des écoles et des artisans assez bien équipés dans les villages.

Habitué au contexte ouest africain, aux pistes en latérite défoncées, au manque d'électricité et aux myriades d'enfants dans les écoles et les rues, je me demandai où était la pauvreté annoncée !

Il m'arriva de voir des machines-outils neuves non utilisées posées par terre dans les ateliers. Je m'en étonnai auprès des patrons qui me répondirent qu'il s'agissait de matériels livrés dans le cadre d'un crédit pour lequel on ne leur avait pas demandé la nature exacte de leurs besoins et dont ils durent malgré tout supporter le remboursement. C'est une structure liée à l'OPEP qui le leur avait accordé sur la base d'un *crédit type*, et tous les artisans avaient reçu le même lot de matériel.

Le principe du *crédit type* est intéressant car il permet de conseiller les promoteurs sur les caractéristiques du matériel le plus utile à acquérir pour démarrer une entreprise, et de les aider à ne pas en acheter trop, au risque de se lancer dans des crédits démesurés. Sous réserve, faut-il le préciser, que l'on prenne soin de bien étudier leurs besoins et de *calibrer les crédits types* en conséquence. Ce qui, dans le cas présent, n'avait pas été le cas !

- Quand on pense que la problématique classique dans ce secteur professionnel est l'accès au crédit, s'étonne Guillaume, c'est un comble de trouver des artisans à qui l'on octroie un crédit qu'ils n'ont pas demandé mais doivent rembourser.

L'un d'entre eux, dont nous avions visité la boulangerie dans laquelle de toute évidence, aucun pain n'avait été cuit depuis des lustres, nous invita à déjeuner. Son idée, nous semblât-il, était de se faire pardonner, parce que, de toute évidence, il n'avait pas utilisé correctement l'argent du crédit destiné au développement de son entreprise. Du coup, devant le buffet alléchant qui avait pour objet manifeste de nous flatter, mon collègue tunisien me dit : « *Éric, on bouffe et on se tire, mais cet artisan aura des nouvelles du PDRI !* »

Haïti

J'ai fait deux missions coup sur coup en Haïti, la première pour le BIT et la seconde pour la FAO, laquelle aurait pu très mal se terminer du fait d'une coïncidence dont je me serais volontiers passé. En cette période de retour à la démocratie et de reconstruction du pays toutes les agences internationales se retrouvèrent en Haïti !

J'effectuai la première avec un consultant et deux collègues du siège, *Carlos M* et *Adlen G⁴⁷*. Nous y fûmes précédés par des experts du département *HIMO*[115] et y trouvâmes une équipe qui travaillait sur la *Politique d'emploi*, dirigée par un collègue que nous affublâmes du surnom de *plus vieux consultant du monde* !

Carlos M. et moi travaillâmes sur les voies et moyens d'une relance de l'emploi en milieu urbain, dans ce pays dont le blocus assassin imposé par les États-Unis avait fait beaucoup plus de mal au petit peuple qu'aux membres du gouvernement du général Cedras qui avait renversé le président Aristide deux ans plus tôt. L'idée forte qui se dégagea de notre réflexion fut qu'il n'y aurait pas d'emplois durables sans marchés, et que former des jeunes à des tâches précises n'aurait de sens que si, en parallèle, on créait des marchés, même artificiels ou de circonstance. Aussi nous parut-il préférable de ne pas *former les jeunes dans le vide*, si l'on peut dire, mais dans la perspective d'exécuter des travaux d'intérêt communal tels que l'entretien des rues et routes, la construction de logements sociaux, toilettes dans les écoles ou quartiers défavorisés, aménagement des jardins publics, etc. Des travaux que ces petits groupes d'artisans, une fois dotés des compétences adéquates et rodés à leur exécution sur les chantiers écoles, pourraient exécuter dans la durée pour le compte des mairies ou des communautés rurales, voire d'ONG en mal de main-d'œuvre compétente pour leurs activités de reconstruction.

- Si je comprends bien, dit Guillaume, vous vous inscriviez dans la logique des *formations professionnalisantes de courte durée*, axées sur des

---

[115] HIMO : travaux à Haute Intensité de Main d'Œuvre.

activités données, qui nécessitent l'acquisition de compétences spécifiques, et par-là, des mécanismes de transfert ad hoc.

- Oui, tu as bien compris le principe. C'est un mode de formation tout à fait adapté à des situations d'urgence.

- À quelques années près, vous auriez pu proposer ce type de formation pour reconstruire les villages détruits par le tremblement de terre, dit Guillaume. Avec des financements internationaux.

- Certes ! Le Projet était sans doute fini quand eut lieu le terrible tremblement de terre et je ne saurais dire si le BIT fut impliqué dans les actions de reconstruction. Celles-ci se traduisirent, d'ailleurs, par des projets inadaptés au contexte, loin du principe que nous avions proposé d'*adéquation formation/production*. Des projets basés souvent sur la préfabrication des maisons à l'étranger, en l'absence d'implication des principaux intéressés, tant dans le choix des types de maisons que de leur construction. *Raoul Peck*, le célèbre cinéaste haïtien, a réalisé un documentaire[116] passionnant sur la reconstruction ratée d'Haïti.

Deux semaines plus tard je revins à Haïti pour la FAO dans le but de programmer des appuis à l'entreprenariat rural et de proposer des actions génératrices d'emplois et de revenus. J'ai proposé notamment que soient construites des *cassaveries*, les ateliers de préparation des *cassaves*, les crêpes de manioc dont les gens raffolent et qui s'exportent facilement, notamment vers les diasporas haïtiennes de Floride. On prépare les cassaves dans des cuisines à ciel ouvert avec des hangars équipés de paillasses de béton et de presses pour râper et broyer les racines de manioc et pétrir la pâte avant de cuire les cassaves.

---

[116] Assistance mortelle, sorti peu après 2010

La plupart du temps, les paysans louent ces cuisines et s'y affairent des nuits entières pour exploiter la pâte avant qu'elle ne fermente.

- C'est effectivement une opportunité intéressante à exploiter dans l'idée de créer des petites entreprises familiales ou associatives, dit Guillaume. Le marché semble énorme et le manioc omniprésent.

- L'une des recommandations de mon rapport était justement de démultiplier les cassaveries familiales de façon à en faciliter l'accès, à des prix avantageux, pour les petits producteurs, et d'appuyer la filière dans son ensemble, jusqu'aux assiettes des Haïtiens !

Cette démarche s'inscrivait dans la dynamique des emplois verts, et des activités ponctuelles, génératrices d'emplois et de revenus, auxquelles des formations initiales professionnalisantes de courte durée peuvent apporter de bonnes réponses.

> **Aléas du métier de consultant**
> Je me rendis un jour à Camp Perrin, à l'extrême Sud-Ouest de l'île, pour y rencontrer des partenaires potentiels du Projet. Au retour, le chauffeur descendit de la voiture à l'entrée de Port aux Princes, dans le tristement célèbre bidonville de la *Cité soleil*, et me laissa le volant pour la poignée de kilomètres qui nous séparaient de l'hôtel. J'avais pris soin de suivre le conseil que m'avait donné un ami de ne pas rouler de nuit, mais les embouteillages à l'entrée de la ville nous ralentirent et la nuit tomber avant notre arrivée en ville. J'avais réservé une chambre à l'hôtel Oloffson, au pied de la montagne qui borde Port aux princes, un superbe hôtel du 19e siècle construit en bois et rendu célèbre dans les années 30 par la clientèle américaine qui y fut fréquente. Graham Green y vint souvent et y écrivit *Les comédiens*. Quand nous arrivâmes à un carrefour de rues, j'entendis un coup de feu et vis un homme courant dans notre direction, pistolet à la main.

Il m'eut été possible de tourner à gauche pour changer de rue, mais je me dis que l'homme n'ayant rien à voir avec nous, poursuivrait sa course vers le bas de la rue. Mais les choses se passèrent tout autrement ! Arrivé à sa hauteur, je jetai un coup d'œil vers lui, à tout hasard, et c'est là que nous frôlâmes la catastrophe !

- Très fâcheuse coïncidence, dit Guillaume.

- Voyant que l'homme nous alignait avec son pistolet, j'écrasai la pédale d'accélérateur pour fuir cette situation qui tournait au cauchemar. Au même instant j'entendis un coup de feu et sentis des morceaux de verre tomber sur ma jambe.

- Il aurait pu vous tuer, s'exclame Guillaume !

- À un poil près, oui ! La balle entra par la fenêtre de droite et passa quinze ou vingt centimètres devant nos visages, avant de ressortir par la fenêtre de gauche en brisant la vitre. En fait je ne pense pas que notre agresseur voulut nous tuer, mais plutôt faire éclater le pare-brise pour nous obliger à sortir de la voiture, y monter lui-même et s'enfuir. Je pris conscience peu après du fait que si j'avais accéléré plus vite, je me serais placé dans la trajectoire de la balle, et je ne serais sans doute pas ici aujourd'hui pour raconter cette histoire !

La suite fut assez cocasse. J'appelai le bureau de la FAO de Port-au-Prince pour expliquer ce qui m'était arrivé, et le message fut remonté au Siège de la mission des Nations Unies à Haïti qui dépêcha aussitôt un brave gendarme français qui vint à l'hôtel. Le patron, pour éviter de faire désordre dans la salle de restaurant, nous pria d'aller discuter dans le jardin. Je commençai à lui raconter mon histoire quand une grosse jeep américaine ressemblant à un tank entra dans le jardin, s'avança vers nous et s'arrêta. Un véritable Rambo en descendit, harnaché comme s'il venait au contact d'une horde de terroristes.

> Il commença à parler en anglais, avec une voix rocailleuse et un lourd accent américain. Je ne le laissai terminer sa phrase et lui dit que nous étions dans un pays francophone où il serait bon qu'il s'exprime en français, ce dont il était incapable. Le gendarme français prit peur devant mon attitude narquoise et congédia délicatement Rambo en disant qu'il allait s'occuper de moi !

- Quelle histoire, dit Guillaume ! Je comprends pourquoi vous teniez à dire que la vie de consultant n'est pas une affaire de vacances !

- Je n'ai jamais eu de suites de cette intervention de la police des NU.

J'eus le fin mot de l'histoire car la scène s'étant déroulée dans une rue où deux jours plus tôt j'avais rencontré le responsable d'un atelier de couture, je m'y rendis le lendemain de l'incident et il fut très étonné et inquiet, à posteriori, d'apprendre que c'est moi qui en fut la victime. Il se soucia de mon état psychologique et m'expliqua qu'il s'agissait d'un ex-*tonton macoute* qui était poursuivi par la foule pour un vol de bijoux et risquait de se faire tuer si on l'attrapait, au nom du *principe du pneu et de l'allumette*[117] en vigueur à Haïti à cette époque. Raison pour laquelle il chercha sans doute à s'emparer de notre voiture pour s'enfuir.

Je compris quelques mois plus tard que l'impact sonore du coup de feu avait provoqué une perte d'audition de 50 % de mon oreille droite !

---

[117] Le pneu est glissé sur la personne, de l'essence versée dedans et enflammée.

Quelques autres missions

Hormis les missions effectuées pour le compte des Projets dont j'étais en charge, notamment du Programme Germe, dont la dimension régionale nous condamnait à voyager d'un pays à l'autre, je répondis à des offres de différents organismes pour des missions spécifiques qui me ramenèrent dans les pays où j'avais séjourné, Mali, Burkina Faso, Niger, Sénégal et Mauritanie, ou me conduisirent au-delà, au Bénin, au Togo, en Guinée Conakry, au Cabo Verde, en Guinée-Bissau, voire plus loin, en Tunisie, en Haïti, au Rwanda et au Vietnam. Je fus mandaté, selon le cas, par le BIT, souvent, Lux Development, l'AFD[118], la Coopération française, l'Union européenne, le PRI[119], divers bureaux d'étude et le PNUD.

La multiplicité des domaines d'activités qui définissent le secteur de l'artisanat et de la petite entreprise m'amena à mener des missions sur les problématiques évoquées ci-dessus, emploi, apprentissage, micro finance, insertion, formation, prison, chambres de métiers, entreprenariat rural, création d'emploi dans l'urgence, et ailleurs sur la Politique d'emploi, en Mauritanie, pour le PNUD et le BIT, la refonte du Système de formation professionnelle et l'emploi jeune au Rwanda, pour l'UE et Lux Development, les *micro activités économiques urbaines* et la *forge fonderie*, pour la Mission de coopération de l'Ambassade de France de Dakar. Autant de missions, autant de réalités et d'occasions d'apprendre des choses, de rencontrer des acteurs économiques, de partager des idées, des conseils, des expériences.

---

[118] AFD : Agence française de Développement.
[119] PRI : Penal reform international.

Chapitre 13
Le bout du bout, ..., et au-delà

Lors d'un séminaire BIT GTZ à Abidjan, quelques années plus tôt, *Carlos M* du BIT demanda *le droit à la dépression nerveuse* pour ses Chefs de Projet. Je n'en suis pas passé loin. Avant même d'arriver *au bout du bout* de mes activités dans les Projets et en mission, des voyages, des documents de Projets, des budgets chiffrés, quantifiés, arrangés et des contradictions entre nos approches, j'ai quasiment plongé dans un état que je qualifierais avec le recul non pas de *burn-out*[120], mais de *burn-over*[121]. J'avais encore assez d'énergie pour exister et produire quelque chose, mais après le bureau, où j'avais l'impression de ne plus rien avoir à faire ! De retour à la maison, le soir tard, je m'attelais en effet à l'écriture d'un blog intitulé *Julien des Faune*s, jusqu'à trois ou quatre heures du matin. Je pris une retraite à peine anticipée et salvatrice en fin d'année. Pour cause d'incompatibilité, non pas d'humeur, on l'aura compris, mais de philosophie de travail. Je ne taris pas d'éloges sur le charme de la retraite, me sachant armé d'assez de projets pour ne pas sombrer dans la mélancolie ou le stress, et d'assez de moyens pour organiser ma vie et voyager.

---

[120] Très à la mode
[121] Cet état est reconnu depuis lors dans le registre des maladies professionnelles et baptisé *brown-over*.

- Sais-tu, Guillaume, comment retraite se dit en espagnol ?
- Non, répond Guillaume, mais vous allez encore m'étonner.
- *Jubilacion* ! Jubilation, ravissement, allégresse, bonheur !

Toute dernières missions

Mes anciens collègues du Bureau du BIT de Dakar ne me laissèrent guère de temps pour profiter de ma retraite jubilatoire. Ils me mobilisèrent moins de trois semaines après mon départ et à plusieurs reprises dans les trois ou quatre années qui suivirent. Je fis deux grosses missions en Guinée-Bissau et au Cabo Verde, avec plusieurs séjours dans le pays à chaque fois, puis une toute dernière au Sénégal.

Guinée-Bissau

La première mission après avoir pris ma retraite, ou cru l'avoir prise, se déroula en Guinée-Bissau. Il s'agit d'un Programme de *création d'emploi dans l'urgence* financé par le *Fonds de reconstruction de la paix*[122], après les crises politiques qui mirent le pays à plat. La phase précédente fut gérée par le bureau local du PNUD avec des contributions du BIT de Dakar, via le Projet ISFP, pour y développer la méthodologie GERME. Il fut initialement prévu de mobiliser le BIT et le PNUD sur la phase 2, et il en eut été ainsi sans l'initiative du bailleur à New York d'en faire un Programme conjoint élargi à quatre autres Agences, PAM, UNESCO, UNICEF et FAO. L'idée était d'opter pour la stratégie du One UN qui a pour principe de faire travailler les agences du SNU ensemble, pour montrer aux détracteurs du « *machin* » que cela est possible.

---

[122] Peace building fund.

Je savais pour ma part que la chose est quasiment impossible, pour l'avoir vécue quelques années plus tôt au Cabo Verde. Sachant qu'il serait très difficile d'aboutir à un travail conjoint, tant les Agences ont tendance à fonctionner chacune de leur côté, et n'ayant plus rien à perdre du fait de mon statut de retraité, je me mis en tête de tout faire pour réussir le pari de mettre les Agences autour d'une même table pour gérer conjointement le futur Projet. Je proposai d'installer au cœur de Bissau, la capitale, un centre d'accueil des jeunes, auxquels les Agences apporteraient les appuis nécessaires en vue de la création d'activités ou de l'obtention d'emplois salariés.

- C'est dans la logique du *parcours d'insertion* dont vous avez parlé à propos du Projet ISFP du Sénégal, fait remarquer Guillaume.

- Oui, tout à fait. Chacune des Agences devait jouer un rôle dans le parcours des candidats, en amont ou en aval des projets de création d'une entreprise et de recherche d'un emploi salarié. La FAO par exemple pour former des jeunes dans les techniques agricoles, ou le BIT, pour en création et gestion d'entreprises, voire le PNUD pour leur financement. La stratégie que je proposai s'appuya sur le fait que les Agences ne disposant pas de l'ensemble des compétences nécessaires pour apporter les appuis attendus lors du *parcours d'insertion*, il leur faudrait travailler ensemble et se partager les tâches aux différentes étapes.

Cette stratégie était en porte à faux avec les habitudes des agences, on l'aura compris, et je savais qu'il y aurait de la résistance. Le principe que je défendais, était pourtant en parfaite cohérence avec le principe du One UN sur le plan opérationnel. Aussi ai-je clairement énoncé la logique du Projet conjoint.

Les Agences auraient pour mission de proposer, chacune dans son domaine de compétences et au vu de sa capacité à fournir les outils pédagogiques appropriés, les appuis répondant aux besoins spécifiques des jeunes. Ce, aux différentes étapes de leurs parcours, de façon à éviter que des maillons manquants subsistent. Le Centre d'accueil aurait à effectuer un maillage cohérent entre les compétences des uns et des autres, sachant que le PAM intervient dans les questions alimentaires, l'UNICEF dans la protection des femmes et des enfants, la FAO dans les techniques de culture, pisciculture et autres activités agricoles, l'UNESCO dans les emplois culturels, le BIT dans la création et la gestion des entreprises, et le PNUD pour les financements. Il aurait également à mettre les acteurs en synergie pour éviter les improvisations des uns, dans des domaines où d'autres disposent d'outils et expériences avérés.

- J'imagine que vous avez dû vous battre contre des moulins à vent, dit Guillaume ?

- Je ne te le fais pas dire ! Mais le jeu en valait la chandelle, et je me disais que je serais peut-être le promoteur d'un Programme de référence dans la stratégie du One UN. La lutte a été rude, en effet. Le PAM, conscient de ne pas être en mesure de jouer un rôle utile dans ce programme, se retira dès le début du processus.

Je reçus un jour un message d'un type de l'UNICEF que je n'avais jamais vu lors des réunions, me demandant plus d'un million de dollars US sur les cinq budgétisés, pour des actions d'alphabétisation ! Je lui fis part de mon doute sur le lien entre alphabétisation et création d'emploi et lui précisai que mon rôle n'était pas de dispatcher le budget entre les agences mais de les mettre autour d'une table.

- Waouh, s'exclame Guillaume, il ne fut pas très content j'imagine !

- Il fut furieux et m'envoya un message avec copie à l'ensemble des acteurs du Secrétariat des Nations Unies à Bissau dans lequel il me menaça de tous les maux, me demandant si j'étais conscient du poids des mots utilisés dans mon message.

Après une inquiétude passagère sur mon avenir, je fus rassuré par un collègue qui me dit que le type en question était connu pour ce genre de réaction ! Lors d'une réunion de concertation avec l'ensemble des acteurs, un malentendu sur le canevas du Document de Projet fit l'objet d'un bref débat et un jeune cadre prétentieux prit la parole, proposa de jeter mon document à la poubelle et d'en rédiger un nouveau ! C'était mal me connaître. Je l'interrompis sèchement et lui expliqua, face à une assistance qui comprit très bien ma réaction, que tout était dans mon document, mais dans un ordre différent de celui attendu, certes, et que sa remise en forme était une affaire d'un ou deux jours.

It's not a pizza
Le plus fort soutien que je reçu dans cette tempête me vint du patron du Secrétariat du Système des Nations Unies en Guinée-Bissau, qui, en aparté, me dit un jour, avec sa voix grave et puissante : « *Eric, it's not a pizza !* » Avant d'ajouter que si une agence n'avait pas sa place dans ce pool d'acteurs, je n'avais qu'à en sortir. Avec un tel appui de la part du grand patron, il vous pousse des ailes ! Je finalisai le Document de Projet en étroite collaboration avec les collègues du PNUD, après avoir arraché l'accord de la FAO à s'investir dans cette action commune lors d'une conférence téléphonique entre Lectoure, en France, New York, Bissau, Dakar et Rome !

Avec un montage financier, donc, où personne n'aurait à *manger sa part de pizza* seul dans son coin ! On l'aura compris. Mes amis du PNUD s'étonnèrent de voir tant de commentaires sur la méthode dans le document de Projet et me conseillèrent de les mettre en annexe, voire de les garder pour l'exécution. Il est vrai que mes propres collègues au sein du BIT me trouvèrent parfois trop généreux dans ma façon de rédiger les documents de Projets, et qu'il eut mieux valu, selon eux, garder les conseils de mise en œuvre pour le futur Chef de Projet. Ce fut sans doute ma double casquette de conseiller technique et de consultant qui me poussa à trop en écrire.

Le point fort de cette mission fut de mettre les Agences du SNU en situation de travail conjoint, ce qui n'était pas dans leurs intentions, chacune préférant prendre sa part du gâteau pour la gérer dans son coin ! Le PAM se retira du montage, évoquant le fait que son domaine de compétences régalien ne relevait pas de la création d'emplois. L'UNESCO fit de même, ce que, en revanche, je regrettai, car nous avions identifié des pistes de collaboration intéressantes.

Cabo verde
Quand la Coopération luxembourgeoise fit la proposition au BIT de Dakar, quelques années plus tard, d'élaborer et de mettre en œuvre un Projet au Cabo verde, je refusai d'abord l'offre, du fait que j'étais à la retraite, mais aussi parce que le directeur de la Coopération luxembourgeoise ayant fait la proposition au PNUD d'apporter une contribution au Projet, je sentis dans ce projet un parfum de *chronique d'une galère annoncée*, avec des vents contraires venant du Sénégal, et une odeur de pizza venant de Bissau !

- Je savais que le PNUD serait gourmand et chercherait plus à occuper l'espace qu'à proposer des idées, des méthodologies, et des éléments de réponses aux problèmes techniques qui ne manqueraient pas de faire surface lors de l'élaboration du Projet. Mais comme tu le sais, je finis par accepter l'offre du BIT au regard du fait qu'il nous fut explicitement demandé de monter un programme d'appui à la création d'emplois net auto-emplois fondé sur la *demande*.

- Vous avez rencontré des difficultés à garder le cap, demande Guillaume ?

- J'ai eu mille difficultés, et j'ai dû me battre pour que le BIT soit leader de ce binôme d'acteurs, au regard bien évidemment de sa mission première en termes d'emplois et de travail décent.

Le PNUD au Cabo Verde étant le chef de file des agences onusiennes, était donc puissant, et comme je le craignais, gourmand. Toutes les pressions que je subis ne relevèrent que de la répartition budgétaire, jamais des aspects techniques sur la façon de faire les choses, ce qui me mina le moral. Comme je l'avais craint avant d'accepter cette mission, je me retrouvai dans le contexte du One UN dont je connaissais la difficulté existentielle.

J'y fus toutefois dans la même situation personnelle qu'en Guinée-Bissau, à la retraite, sans aucun plan de carrière, et donc sans rien avoir à protéger ni bénéfice à tirer de cette mission, si ce n'est le plaisir de monter un tel Projet. Aussi décidai-je de tenir bon et de ne pas lâcher de lest. Je défendis haut et fort le rôle du BIT dans l'exécution du Projet, sans donner prise à mes détracteurs quant à mes liens personnels avec ledit BIT.

Là où le PNUD mit en avant des activités menées dans des petits Projets à connotation emploi, sans stratégie ni méthodologie en arrière, j'opposai des stratégies, des expériences, des méthodologies et des outils pédagogiques élaborés par le BIT depuis des années, et utilisés dans de nombreux pays.

Outre le pari de faire travailler ensemble deux Agences du SNU, le point fort de cette mission fut d'élaborer un Projet d'appui à l'insertion des jeunes capverdiens, basé sur *l'approche par la demande,* qui consiste à répondre par des formations adaptées aux besoins spécifiques des candidats à la création d'entreprise (Thème 7, page 175)

La der des der
Ma dernière mission se déroula au Sénégal, j'en ai parlé à propos de l'apprentissage. Je ne voulus pas en être le chef et n'eus pour rôle que de conseiller l'équipe des consultants qui l'exécutèrent. La mission fut difficile et le départ du back stopper eut pour effet de décourager le bailleur qui en réduisit le budget à une peau de chagrin.

- Après cela, je pris pour la seconde fois une retraite méritée !

………………………………

- Dites-moi, Éric, tout ce travail que nous venons de faire pour venir à bout de l'écriture de ce livre, il était programmé dans votre retraite ?

- Eh bien, disons que oui, mais je le l'avais sans doute oublié. J'avais oublié également que je n'avais pas pu le faire pour le BIT quand j'ai pris ma retraite. Tu te souviens sans doute que ce dont nous venons de discuter aurait pu faire l'objet d'une mission beaucoup plus consistante que j'avais proposée au directeur du bureau de Dakar avant mon départ : une mission de capitalisation des méthodologies et acquis de vingt ans d'appui au secteur de la micro-entreprise en Afrique de l'Ouest. J'y aurais associé celles et ceux avec qui j'ai travaillé pendant ces vingt années passées dans la mouvance du BIT, mes collègues *au sein de la maison* si je puis dire, et puis celles et ceux de l'extérieur, formateurs et Maîtres formateurs Germe, consultants, chefs de Projets, artisans, responsables des Fédérations, agents des Ministères, etc.

Nous aurions eu du pain sur la planche et beaucoup de choses à raconter.

- Je l'imagine, dit Guillaume.

- Mais bon, ce n'est pas grave. C'est sans doute un des effets du *burn-over* ! Et puis il y a ce livre.

Clap de fin

Que dire, avec le recul, de ces trois dizaines d'années consacrées au Développement ? Que dire des Projets, du travail effectué, des engagements auprès des acteurs locaux ? Et de cette vie d'expatrié, avec ses aléas, ses peurs, ses cerises sur le gâteau ?

Les Projets mobilisent une expertise coûteuse et d'importants moyens financiers qu'il faut sans cesse renouveler. Ils ne capitalisent pas assez les expériences menées, se répètent, et ne sont pas toujours coordonnés pour générer le maximum de synergies entre eux, tant par celles et ceux qui les montent que par les ministères qui les accueillent. Les bénéficiaires en tirent-ils le profit attendu et la pérennisation des acquis est-elle assurée ? C'est toute la question ! Aussi m'est-il difficile de conclure, au moment où s'achèvent mes conversations avec Guillaume.

Mes investigations dans l'univers des artisans et des petits entrepreneurs m'ont beaucoup appris, de même que les heures passées avec les formateurs, les Maîtres formateurs GERME et certains agents des ministères. Il me reste beaucoup d'amis, dont certains avec lesquels je suis toujours en contact, et que j'aimerais voir plus souvent. J'ai aimé travailler dans le monde des ONG, avec *Jacques Bugnicourt* à Enda, un de mes pères spirituels, et dans le *Système des Nations Unies*, au BIT, avec les collègues du terrain et de Genève.

J'y ai été nourri par les remarques et conseils de *Papa K, Mpenga K*[48], *Paulo B*[49]*, René D, Carlos M, André B, Cheikh B, Kees VdR*, experts et ou chargés de programme, *Carlos C A, Dramane H*[50], mes directeurs, *Jean Claude W, Hamou H*[51]*, Cyr D, François R, François L, Ibrahima D, Dissous Z*, consultants, *Dame D*, du ministère, et son homologue rwandais dont je ne retrouve plus le nom, *Amadou D, Djibril C, Dinastella C, Sandro M, Patrick D, Vatché P*[52]*, Yves G*[53]*, Souleymane S*, collaborateurs, *Emma C*[54], mon ami, mon petit frère, et par les remarques pertinentes de quelques artisans et apprentis, dont cette délicate réflexion d'un jeune apprenti sur son collègue :

- « *Celui-là il peut démonter, mais il ne peut pas remonter* »

J'ai aimé travailler avec des équipes au sein des Projets, les (jeunes) femmes et hommes[123] qui, à en croire la plupart, sont sorti(e)s enrichi(e)s et renforcé(e)s par leur collaboration avec le *vieux CTP* que je fus. Tout au moins à la fin ! A croire cette étrange question que me posa *André B* lors de la réunion de sélection du futur CTP du Programme régional Germe : « *Ne te sens-tu pas trop vieux pour travailler avec l'équipe ?* » Il est vrai que les membres de l'équipe en question étaient tous jeunes, mais quand même !

Il m'arrive d'avoir envie de refaire le chemin dans l'autre sens, de retourner dans tous les pays où j'ai séjourné, d'y chercher mes amis, de leur demander ce qu'il est advenu de ce que nous avons fait ensemble, et ce que chacun d'eux est devenu. En Afrique de l'Ouest, la fidélité en amitié est l'un des plus beaux cadeaux que l'on puisse faire à un ami. Plus le temps passe, plus les retrouvailles sont belles !

---

[123] Trop nombreux pour être cités ici.

Pour moi, le côté sombre, si tant est qu'il y en ait un, est d'ordre général. Il se résume à des questions de comportement, non pas des hommes et des femmes dans leur quotidien, mais des citoyens lambda que l'on comprend mal, qui étonnent, inquiètent, ne s'inscrivent pas, selon moi, dans une *dynamique de développement* et se cantonnent dans une forme d'*apathie* qui a un impact direct sur la stagnation économique. Quand verra-t-on les gens nettoyer devant leurs portes, les mairies faire en sorte que les marchés soient propres, et les aliments qui y sont vendus le soient de façon saine, des zones d'activités aménagées pour permettre aux artisans et petits entrepreneurs d'y développer leurs activités en toute quiétude, en dehors des trottoirs et des lieux insalubres ?

Quand la volonté politique saura-t-elle interdire l'usage des trottoirs aux artisans, aux mécaniciens et automobilistes d'effectuer des réparations au milieu des rues et des routes, voire de l'autoroute ?

« *Aide-toi et le ciel t'aidera* », disent les uns.

« *Nit nit aye garabam (l'homme est le remède de l'homme)*[124] », répondent les autres, en écho.

Les dictons et proverbes ont bon dos, dit mon ami *Cheikh*, mais ils cachent des forêts, ne règlent pas les problèmes, et n'invitent pas au réveil[125]. Et moins encore au sursaut et à l'émergence, ai-je envie d'ajouter !

---

[124] Proverbe sénégalais très connu (servi à toutes les sauces !).
[125] Peut-être aussi que le sens profond du bon nombre de ces dictons, et leur sagesse véritable, résident dans le fait qu'ils invitent au réveil et à l'action pour autant

Dicton pour dicton, j'ai envie de répondre avec ce vieil adage sénégalais qui symbolise parfaitement à mes yeux le mal du pays :

« *Defal nu guiss* [126], *(Fais, on va voir).* »

Que voit-on aujourd'hui ? Quels engagements ? Quels changements de comportements ? Où sont les priorités ? Que fait-on pour que le secteur artisanal sorte de sa dimension informelle qui le cantonne dans la marge, dans la débrouille, dans le manque de qualité, de durabilité et de pérennité des produits fabriqués, vendus et achetés. La stratégie du *moins cher* gangrène le fonctionnement de l'économie.

Felwine Sarr[127] eut raison de poser la question du développement dans son livre *Afrothopia*[128]. L'informel n'est sans doute pas là où on le voit. Mais quel développement choisir ? Quelle alternative ? *Papa K* n'allait-il pas dans le bon sens quand il nous disait : « *À ce secteur informel il faut des réponses informelles* ? » Il faut que ça bouge. L'émergence, selon moi, ne se programme pas. Elle se constate. Le piètre interprète[129] d'un certain discours de Dakar, pourtant bien écrit, mais auquel il ne comprenait sans doute pas grand-chose, aurait pu faire avance les choses s'il avait pris soin de dire aux jeunes étudiants qui l'écoutaient, diplômés et portables sous le bras, de se bouger les fesses, d'aller de l'avant, d'arrêter de regarder dans le rétroviseur, et d'en finir avec certaines traditions.

---

qu'on ne se contente pas de les ressasser à tout vent, mais d'en saisir la substantifique moelle en les mettant effectivement en pratique !
[126] Pourrait aussi signifier mieux vaut voir une fois que d'entendre 100 fois !
[127] Écrivain, économiste et universitaire sénégalais.
[128] Philippe Rey éditeur.
[129] Nicolas Sarkozy.

En prenant soin de s'en excuser auprès de leurs anciens à qui il faut parfois avoir le courage de dire que les choses ont changé. Et donc de construire de nouvelles règles qui deviendront les traditions de demain. Il avait l'âge pour le faire, et ils avaient l'âge pour l'entendre.

Les dernières élections en Afrique de l'Ouest, notamment au Sénégal, donnent à penser que les choses vont changer. Que le vieux système va bouger, évoluer, exploser peut-être, ou imploser. Que le franc CFA va disparaître, ou au moins changer de nom. Tant mieux aussi. Que deviendra la Coopération ? Voilà une question intéressante. Elle a déjà beaucoup évolué, mais il reste à faire.

Je sors de ces quarante années passées entre le secteur privé, les ONG et le *Système des Nations unies*, enrichi par toutes ces rencontres et aventures humaines, touché par les dommages et bonheurs collatéraux, un peu sourd d'une oreille, on le sait, mais avec quelques belles phrases en mémoire sur lesquelles j'ai souvent bâti mes discours et interventions. J'en remercie une fois encore leurs auteurs. Des phrases que je cite de tête quarante ans après me les être fait dire !

Je viens, avec ce livre, poser une petite pierre au bas de l'édifice de reconstruction et donner aux jeunes qui s'y engageront quelques clefs, quelques éléments des stratégies qui ont donné de bons résultats, quelques conseils sur le fonctionnement des Projets, sur les relations entre conseillers ou consultants. Je suis fier des documents que j'ai laissés dans les Projets et ne cesse de conseiller aux jeunes avec qui je discute, d'accompagner leurs actions par des témoignages écrits, des modes d'emploi, des manuels sur la méthode.

J'ai essayé de servir de lien entre les acteurs du Sud en regardant ce qui se passait de bien chez les uns pour le développer chez les autres.

J'ai essayé de mettre les jeunes sur la voie d'une intégration dans le marché du travail sans leur imposer une assistance écrasante et sans jamais les considérer comme des pions sur un échiquier. A ce titre, j'ai réfuté l'idée de certains collègues qui parlaient de *lutte contre la pauvreté* quand il s'agissait de jeunes sortants du *système de formation professionnelle* que je considérais comme des élus, des privilégiés, que nous devions aider à se battre pour leur développement personnel, pour l'émergence d'une société juste, protectrice, avec un travail décent à la clef. Je n'ai qu'effleuré les questions de protection sociale, pourtant fondamentales et objectif majeur du BIT, mon employeur. D'autres s'en occupaient, dont le Projet STEP, focalisé sur la promotion des mutuelles de santé, qui contribua à de belles réussites dans ce domaine. Une fois seulement je réussis à établir un lien entre des artisans et un dispensaire qui s'engagea à les recevoir dans les meilleures conditions. On ne peut pas tout faire !

Je pense à *Assitan* la présidente de la *Fédération des artisans du Mali*, à *Olivier* le formateur en mécanique auto et à son école de formation à Ouagadougou, à *Boubacar* le potier et à sa maison et atelier de Boubon, à *Baba* le fabricant de jouets de Bamako, installé aujourd'hui à Dakar, qui fait les salons de Milan et Frankfort, à *Djiby* de Podor, avec ses machines agricoles et sa volonté de devenir un véritable maître d'apprentissage, aux artisans forgerons fondeurs du 2e arrondissement de Bamako, qui empilent les seaux en prenant soin de décaler les coutures des joints de finition pour qu'ils dessinent une spirale ascendante autour de la pile, aux agents des caisses d'épargne et de crédit, au jeune apprenti venu à Bamako poursuivre sa formation, à 600 km de chez lui, à ce formateur athée pour qui la religion n'était plus de mise.

Je pense à tout ces jeunes, filles et garçons, femmes et hommes, qui ont su tirer de mon engagement et de ma passion l'énergie nécessaire pour aller de l'avant, bouger, bousculer quelques traditions, créer des entreprises, avoir le goût et le plaisir du travail bien fait.

Je pense à mes propres enfants et filleuls qui ont fait leur chemin, se sont appropriés les valeurs sur lesquelles ils fondent aujourd'hui leurs démarches professionnelles, et leurs réussites respectives.

Je pense à celles et ceux qui partiront demain travailler dans le secteur de la micro et petite entreprise en Afrique de l'Ouest et au-delà, dans les Projets, les Ong et le SNU, ou y feront des missions, comme consultants.

Peut-être que ce témoignage, bien que très incomplet, sur mes vingt et quelques années consacrées au développement de la micro-entreprise, en majeure partie au sein du BIT, les aidera à prendre le temps d'observer, à ne pas se précipiter, à ne pas donner trop d'importance aux idées et modèles importés, à écouter, discuter, et trouver les bonnes stratégies pour mener les bonnes actions.

Tout est affaire d'*agencement*, selon Gilles Deleuze.

Bibliographie

1. **Association des studios du grand jeu** (Eric Silvestre, Odile Journet, Tommy Diallo, Véronique Couesnon) : « Boy Poulo, les enfants du plateau » Éditions Possible. Numéro hors-série. 1983.

2. **Boulanger et Perchman** : « le réseau et l'infini » Nathan, 1990.

3. **Bruno Chavanne** : « Une vie de coopérant » 2020 (Harmattan Sénégal et auteur).

4. **Camille Virot** : Collection sur la poterie africaine (Éditions Argile – La Roche Giron).

5. **Carlos Maldonado** : « La santé mentale dans le rapport Nord Sud » (Éditions Persée). « Méthodes et Instruments d'Appui au Secteur Informel en Afrique Francophone » avec Cheikh Badiane et Anne-Lise Miélot (BIT).

6. **Cellule audiovisuelle ENDA** : « Tard dans la nuit (Su suuf seddee) » : Numéro hors-série de la revue Vivre autrement, 1987 par Enda Dakar et « Loxo ci pos (La main dans la poche) ».

7. **In** : « Le cafard libéré » 1988.

8. **Daniel Arasse** : « On n'y voit rien » (Gallimard 2003).

9. **Eric Silvestre** : « Pour une solution alternative à la formation post primaire » (Audécam août 1980) et « Une décennie d'appui au secteur informel du Mali » (BIT) avec Souleymane Sarr.

10. **Gerald Belkin** : « Tanzanie an 16, villages socialistes Ujama », « Paysans, silence à voix basse Haïti ».

11. **Jean Claude Woillet** : Récits de ses missions pour le SNU (Éditions Lacour) Années 2000.

12. **Patricia Greenfield et Jean Lave** : Enfants d'Afrique, enfants des îles : Aspects cognitifs de l'éducation non scolaire (Recherche Pédagogie et Culture n°44).

Sigles et acronymes

1. AFD, Agence française de Développement
2. AUDECAM : Association Universitaire pour le Développement de l'Éducation et de la Culture en Afrique et à Madagascar.
3. BIT : Bureau International du Travail
4. CT : Conseiller technique (dans un Projet de développement)
5. CTP : Conseiller technique principal (Chef de Projet)
6. ENDA TM Dakar : organisation internationale basée à Dakar
7. ENDA Jeunesse Action (ENDA JA)
8. FAM : Fédération des artisans du Mali
9. FAO : Organisation des Nations pour l'alimentation et l'agriculture
10. FNAM : Fédération nationale des artisans du Mali
11. FP : Formation professionnelle
12. LUX DEV : Lux Development, Coopération luxembourgeoise
13. NU : Nations Unies
14. OIT : Organisation Internationale du Travail (BIT/ILO)
15. ONE UN : Mécanisme de coordination des agences du SNU
16. ONUDI : Organisation des NU pour le Développement Industriel
17. OP : Organisations professionnelles (groupements d'artisans, paysans)
18. PNUD : Programme des Nations Unies pour le Développement
19. SFP : Système de formation professionnelle
20. SNU : Système des Nations Unies
21. SNU : Secrétariat des Nations Unies
22. UE : Union européenne
23. UNESCO : Organisation des Nations pour l'éducation, la science et la culture

Table des matières

Préface *11*
Genèse du livre *15*
Les thèmes du livre *23*
Chapitre 1 .... *27*
Quelques principes et/ou concepts *27*
  Compétences, expérience, diplômes   29
  Types et modes de formation   31
  Bailleurs et Coopération   34
Chapitre 2 .... *37*
L'organisation du secteur artisanal *37*
  Les Organisations professionnelles (OP)   46
    1 : Les statuts des OP   49
    2 : Création et structuration des OP   52
    3 : La formation des élus   54
    4 : Intrusion de la démocratie dans la gestion des OP !   57
    5 : Les échanges entre régions et pays   60
  La Confédération des artisans d'Afrique de l'Ouest   62
  Le concept d'industrialisation du travail   63
  Les espaces de travail   65
    Les zones d'activités artisanales   67
    L'exemple de Ouagadougou   68
    Les villages artisanaux   69
    Les boutiques de vente dans les Villages artisanaux   72
    Les bases d'appui BIT   73
    Salons et/ou foires   77
    Aspects sociologiques   79

Chapitre 3	*81*
Les chambres de métiers	*81*

    Fédération des artisans vs Chambre de métiers au Mali   87
La réforme des Chambres de métiers en Mauritanie   89
Des Chambres de métier au Bénin ?   91

Chapitre 4	*93*
Le renforcement de l'apprentissage	*93*

    Le film sur les apprentis   96
    Le film sur les jeunes pêcheurs, à Nouakchott   104
    Les documentaires réalisés pour Enda   106
Le renforcement de l'apprentissage   107
    La formation dans le secteur traditionnel   108
    Le rôle perdu des maîtres artisans   110
    Appui aux patrons   112
    Appui aux apprentis du Mali   113
    Appuis aux apprentis du Burkina Faso   116
    Le paiement des formations   121
    Appui aux apprentis du Niger   122
    Divers appuis aux apprentis au Sénégal   125
    En conclusion sur la problématique de l'apprentissage   126

Chapitre 5	*131*
La microfinance au service des artisans	*131*

    Les structures de financement des micro-entrepreneurs   132
    Le réseau Kondo Jigima   135
    Évolution de la microfinance   137

Chapitre 6	*143*
Les maîtres du feu	*143*

Les forgerons fondeurs récupérateurs   143
    Les incidences culturelles du phénomène de castes   149
Les potières   150
    Un tour de poterie au SIAO de Ouagadougou   151
    Un potier atypique à Niamey   152

Chapitre 7 _____ *155*
Politique de formation professionnelle _____ *155*
   1 : Des formations initiales ou continues   159
   2 : La contribution des bénéficiaires   160
   3 : Les outils pédagogiques   161
   4 : La durée des modules   162
   5 : L'orientation professionnelle   163
   6 : La mise en œuvre des modules de formation   164
   7 : Localisation des formations   164
   8 : Les Fonds pour la formation   167
   9 : Des formations novatrices   169
   10 : Les formations professionnalisantes   174
   11 : L'approche par la demande   177
   12 : La rénovation de l'apprentissage   182
Les assises nationales sur la Politique de FP   182
   Quelques remarques à caractère sociologique sur la formation   183

Chapitre 8 _____ *189*
Création et gestion d'entreprises _____ *189*
La méthodologie GERME   189
La méthodologie CLE/KAB   190
   Le développement de GERME et CLE   191
   1 : Sur la question du statut des formateurs CLE   192
   2 : A propos du Plan d'affaire lors des formations CLE   193
   3 : Concernant l'élaboration, l'impression et la traduction des manuels et documents   193
   4 : La mise en place des réseaux GERME   194
   5 : Germe niveau 1   195

Chapitre 9 _____ *199*
L'insertion des jeunes _____ *199*
   Les formation initiales professionnalisantes de Nigetech   200
   Focus sur l'insertion au PRG (Germe) et dans le Projet ISFP   201
   Le parcours d'insertion   206
   Les cellules d'insertion   206
   Le financement des entreprises créées par les jeunes   207

Chapitre 10 _____ *213*
Deux Projets atypiques_____ *213*
    L'expérience de Bamako   215
    La Boutique d'appui de Ouagadougou : un Projet novateur   218

Chapitre 11 _____ *223*
Conseillers techniques et/ou consultants_____ *223*
Conseiller technique   223
Consultant   227
    L'angoisse du consultant dans certaines situations   229

Chapitre 12 _____ *235*
Les missions _____ *235*
Tunisie   235
Haïti   236
Quelques autres missions   242

Chapitre 13 _____ *243*
Le bout du bout, …, et au-delà _____ *243*
Toute dernières missions   244
    Guinée-Bissau   244
    Cabo verde   248
    La der des der   250

Clap de fin _____ *253*
*Bibliographie*_____ *261*
*Sigles et acronymes*_____ *263*

Les personnes citées dans le livre

---

[1] Bernard Butel, expert du BIT au Rwanda et au Mali.
[2] Carlos Maldonado, département Entreprise au BIT Genève
[3] Floriane Leutzinger, assistante de Carlos Maldonado au BIT
[4] Youba Sokona, ex Enda Energie, membre du GIEC
[5] Jean Louis Vélasquez, conseiller technique au BIT Bamako
[6] Jorge Cabrera, chef de Projet BIT
[7] Michel Didier-Laurent, Office des Migrations Internationales
[8] Souleymane Sarr, consultant, fondateur de l'ONG AJA Mali
[9] François Ramseyer, architecte et consultant pour la Coopération suisse
[10] Cyr Davodoun, responsable du BA de Cotonou
[11] Yacouba Coulibaly, président de la FNAM, décédé
[12] Assitan (Astan) Traoré, présidente de la FNAM
[13] François Réal et feu Frédéric Alcantara, Etni Tecni
[14] Taofik Ben Abdallah, sociologue à Enda
[15] Brahim ould Ndah, conseiller du ministre, devenu juge
[16] Jean Claude Woillet, consultant
[17] Jorge Cabrera, ex-CTP du Projet BIT SNS Mali
[18] Gerald Belkin, spécialiste de la vidéo dans le Développement (décédé)
[19] Dominique Gros, devenue une documentariste connue et reconnue
[20] Papa Kane, directeur du Bureau du BIT à Abidjan (décédé)
[21] Denyse de Sèvres, AUDECAM (décédée)
[22] Denise Millet, potière d'origine suisse, vit en France
[23] Boubacar Djibo Harouna, céramiste et sculpteur nigérien
[24] Olivier Lompo, directeur d'une école de formation professionnelle

25 Patrick Delalande, Chef du Projet PAB (décédé en 2022)
26 Jacques Gaude, ancien fonctionnaire du BIT, consultant
27 Sandro Mazzetti, ex-Chef de Projet BIT puis Lux Development
28 Idi Manou, ancien directeur de l'emploi
29 Luigi Spinato, conseiller technique Projet NIGETECH BIT/UE
30 Cyr Davodoun, directeur du Bureau d'appui aux artisans à Cotonou
31 Gérard Gahigi, expert en micro finance
32 Amadou Diallo, ancien responsable de l'audiovisuel à Enda
33 Jacques Bugnicourt, secrétaire exécutif d'Enda (décédé)
34 Camille Virot, céramiste français installé au hameau de Viers, à Banon
35 Cheikh Badiane, ex-conseiller entreprise au BIT à Dakar puis à Genève.
36 Dinastella Curado, chef de Projet au Cabo Verde
37 René Daugé, expert en formation au siège du BIT à Genève
38 Thomas Mattei, sociologue
39 André Bogui, DRH au siège du BIT, adjoint du Directeur général.
40 Dissou Zomahoun, Maître formateur GERME, consultant.
41 Roberto Pes, actuel Spécialiste entreprise au Bureau du BIT de Dakar.
42 Ibrahima Diallo, Maître formateur GERME, consultant international.
43 Djibril Coulibaly, chef de Projet ONUDI
44 Dame Diop, ancien ministre de la Formation professionnelle
45 Kees van de Ree, responsable de département au BIT Genève
46 Grégoire Detœuf, cadre de l'ONG Raoul Follereau
47 Adlen Garidi, département Entreprise du BIT
48 Mpenga Kabundi, ancien expert au bureau du BIT de Dakar
49 Paulo Barcia, expert au bureau du BIT de Dakar
50 Dramane Haidara, directeur du Bureau BIT de Dakar
51 Hamou Haïdara, consultant malien
52 Vatché Papazian, AFD
53 Yves Guémard, consultant
54 Emma Cissé, maroquinier, président de la fédération des professionnels du cuir de Thiès Mékhé (décédé)